青春文庫

# 神様は、ぜったい守ってくれる

## 神様が味方する人、しない人

藤原 美津子



青春出版社

# はじめに

**「あなたは、もっと神様に守られていい！」**

それをお伝えしたくて、この本を書きました。


「私は、神頼みなんかしない」

と思っている人もいるかもしれません。

でも、大成功した方の多くは、大事な時には必ず神様を頼っています。そして、守られ、力を貸していただいています。

いざという時に、神様が力を貸してくれる人になれるか否か。大事なことですね。その差を分けるものは何なのでしょうか？

それは日頃からの**神様との接し方**です。

神様に対する接し方を知らないために、すごく損をしていることもあれば、ものすごく失礼をしていることもあります。

たとえば、**神社参拝の時に心がけたいことや、絶対にしてはならないことがあるのです。**

実際、私がほかの人を見ていて、「神社の中でこんなことをしたら、ご利益《りやく》どころではなくなりますよ！」と焦ってしまうことも多々あります。

ですから、「これをしたら、神様から嫌われる」というツボを絶対に逃さないでください。第2章で詳しく説明しています。

それをきちんと押さえた上であれば、神社にはもっと行っていいし、もっと神様を頼っていいのです。

正しく神様に接することができれば、あなたはもっと神様に守られ、もっといい仕事ができ、もっと豊かな人生を送れます。

本書は、あなた自身を幸せにするための「神様に接するガイドブック」です。

## ◎人生の運気を底上げする

もしかすると、「神様になんて頼らず、自分ひとりで戦う」という選択をしている人もいるでしょう。でもそのために、自分の可能性をとても狭めているかもしれません。

ぜひ大事な時の祈願に加え、もっと神社にお参りして、あなたの運気を日頃から高めてください。

**「神様との縁を先に結んでおくと、これだけ運気が高まる」**

という話を、いくつもの例をあげてご紹介します。

また日常生活の中で、これをしていると運気が上がり、人生を底上げできるという方法もお知らせします。

多くは、三十秒から一分ほどでできる方法です。長くとも十分から十五分ほどでできます。それをあなたの生活の中に習慣として取り入れるだけで、着実に運気が高まり、いいご縁も得やすくなります。

この本は「神様が味方したくなる人、ならない人」をテーマに書いています。

もちろん、「あなたは味方したくなる人」「あなたは味方したくない人」などと、選別をするためではありません。誰でもこの方法を守りさえすれば、「神様が味方したくなる人」になれるのです。

## ◎日本人が忘れてしまった神様との付き合い方

申し遅れました。私は神道研究家の藤原美津子《ふじわらみつこ》と申します。

人と接する時間よりも、神様と接する時間のほうが圧倒的に長い生き方をしてきました。

私の神道の師匠は、亡き主人であり、神道哲学者の藤原大士《ひろし》です。夫婦二人三脚で、「神様は、人類に何を託しておられるのだろうか」「人としての生き方」「神様との接し方」などを模索してきました。

毎日神棚に手を合わせることはもちろん、月の半分近くを、一日に何カ所もの神社を参拝して回る日々を過ごしていた時期もあります。

だからこそ、人が神様を求めて神社に行くのとは、別の見方ができます。それは「神様、これを叶えてください」と頼む人の側とは別に、「頼まれる神様の側からはどう見られているか」という見方です。

これからお話しすることは、今までの神社参拝の常識や神様に対する接し方が一八〇度変わることも含まれているかと思います。

なぜかうまくいかない人がやっている神社や神様との付き合い方と、なぜかうまくいく人がやっている神様との付き合い方を見てみましょう。ざっと紹介すると、こんな感じです。

×神社の石やご神木《しんぼく》の一部など縁起ものを持ち帰る
○参道にあるゴミは、ほかの人が落としたものでもゴミ箱に入れるなどする
×何年も前の古い御札《おふだ》やお守りがそのまま放ったらかしになっている
○御札やお守りは大切に扱い、古いものはきちんと神社にお返ししている

**×お願いをしたあとは、特に何もしない**
**○お願いをしたら、必ずお礼に行く**
**◎神様への恩返し（奉仕《ほうし》、ご寄進《きしん》）を定期的にしている**
**×自分は、高級なお酒を飲んでいるが、神様（神棚）には安酒をお供《そな》えする**
**○神様（神棚）には、今自分ができる限りのいいお酒をお供えする**

いかがでしょうか。

神様への接し方の中には、神様の世界の特殊な決まりごともありますが、ほとんどは「よく考えたらそうですよね」と思われることばかり。

なぜなら**「神様への接し方は、あなたが最も尊敬する人に対する接し方にとても似ている」**からです。

神様に対して不作法なことをしてしまう人は、お客様、配偶者、友人、知人に対しても同じことをしている可能性が高いのです。あなたが大切にしていない人からは、あなたも大切に扱われることはありません。

逆を言えば、神様が味方してくれる人は、自分を大切にするだけでなく、自分以外の人やものを大切にできる人です。神様にお参りするのは、そのための訓練でもあります。


この本は、神様にもっと愛され、力を添えてもらえる人になる方法を書いています。**日本人として知っておきたい日本の神様との付き合い方**です。

運気を上げることだけを目的にするのではなく、神社や神様といいお付き合いをしていきましょう。そうすることで、自然とあなたの人生はいい方向に向かっていくはずです。

本書が、あなたの心を癒《いや》し、人生の大きな力となることを心より願って。

藤原美津子

目次



## 第1章　なぜかうまくいく人は、神様の力を上手に受け取っている

## 第2章　やってはいけない神様への接し方

## 第3章 神様が味方したくなる人

## 第4章　家の中を神様空間にする

## 第5章　神社で神様の前に立つお作法

## 第6章　運気をもっと劇的に上げるコツ

DTP：野中賢（システムタンク）
編集協力：鹿野哲平

# 第1章

# なぜかうまくいく人は、神様の力を上手に受け取っている

# チャンスをつかむのがうまい人の秘密

## すぐに行動できる人ほど、神様は味方する

チャンスをつかむのがうまい人と、そうでない人。
つかんだ運をつなぎ止められる人と、その場限りで手放してしまう人。

あなたはどちらになりたいですか?
チャンスをつかむのがうまい人は、行動が早いです。
そして、チャンスや縁は、神様が与えてくれること。

だから神様の力をうまく受け取るには、行動を早くする。特に最初の一歩を

早く踏み出してください。それだけで神様が与えてくれるチャンスや縁を受け取れる確率がグンと上がります。

たとえば、いい話を聞いて即行動する人と、三日後に行動する人、一週間後に行動する人の得る効果を数字で表わすと、即時は百パーセント、即日が八十パーセントだとすると、三日以内は五十パーセント、限度は一週間の三十パーセント、一カ月後はほぼゼロといったくらいの差があります。

この本では、神様の力をうまく受け取るためのヒントをいくつもご紹介しています。

ですから、何かひとつでも「ピン！」ときたことがあったら、即実行して神様の力をうまく受け取ってください。

あなたも神様が味方したくなる人になることができるはずです。

## 神様には「心で」ではなく、「言葉で」伝える

では早速、神様の力を上手に受け取るための方法をお伝えします。

**「神様にお願いをする時、心の中で思うだけでなく、はっきり口に出して言う」**

これは神様にお願いする時の大事なポイントです。

これを聞いた時、あなたならどうされますか？

Aさん「え～っ、言葉に出して言うなんて恥ずかしい」（ためらう）
Bさん「私は、心の中で神様にお祈りするのです」（やらない）
Cさん「そうですか！　早速やってみます！」（やってみる）

この中で、どの人が一番早く結果を出すでしょうか？

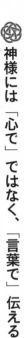

もちろん「早速やってみます！」のCさんです。

でも、すぐに切り替えて行動に移せる人は多くありません。

なぜなら、自分の習慣にないことをすぐに取り入れるのは抵抗があるから。

たしかに神様の前で言葉に出して挨拶やお願いをする習慣がない人にとって、少しハードルは高いですよね。

「人に聞かれると恥ずかしい」

「今までの自分のやり方があるから」

と、やらない理由を探せばいくらでも出てきます。

こういう私も、「すぐにやらない派」のひとりでした。

「自分の願いは、自分の胸の中で、神様に伝えるもの」と思っていましたから。

今では、「なぜもっと早くにしなかったのだろう。ためらっていた時間がもったいなかった」と思っています。

はっきり言葉にしてお願いしたことで、即座に叶ったこともあります。

びっくりするほど早く物事が進展したこともあります。

私は、「言葉にしてお願いした時と、心の中だけでお願いした場合は、こんなに違うんだ！」という実感を、おそらく誰よりも持っています。

なぜなら、今でもうっかりすると、「言葉にせずに、心の中だけで温めている」習慣が自分の中に残っているからです。そんな時の亀のような歩みは、とうてい人に見せられたものではありません。


では、即行動する人は、どんな工夫をしているのでしょうか？

ある人は、この話を聞いた翌日、今まで昼休みにしていた神社へのお参りを早朝の人のいない時間に切り替えました。

「昼間だと人がたくさんいて恥ずかしいので、朝早くの人がいない時にお参りしてきました。ものすごくすっきりしました」

人に聞かれて恥ずかしければ、人のいない早朝に行けばいいのです。

一般的にも叶えたいこと、達成したいことがある時には、周りの人に「○○をします！」と宣言をしてしまうほうが叶いやすいと言われています。

それを聞いた人が、「それならこんな人を知っていますよ」「ここに行ってみたら？」と教えてくれたり、「あの人がこのことをやりたいと言っていました」と別の人につないでくれたりする可能性もあるからです。

また言葉に出して宣言したことは、神様も味方してくれる可能性があります。心で思っただけでは、神様に味方してもらえないのです（その詳しい理由は第3章でお伝えします）。

# あなたを守ってくれる神様

## いつも運がいい人になる方法

「この人は、恵まれている」

「運がいい人だ」

「いつも何かに守られている」

と感じる人が、あなたの周りにいませんか？

そこには目に見えない力が働いていると思いませんか？

たとえば、

「親の愛に守られている」

「先祖に守られている（守護霊）」

「神様に守られている（守護神）」

など。あなたが「いつも何かに守られている」「自分は運がいい」と感じていたら、すでに何らかの守りがあるのでしょう。

どなたにもその人を守ってくれる神様はいらっしゃいます。

でも、もしあなたが、今、それを感じられないとしたら何が原因なのでしょうか？

考えられることは、その神様との道がつながっているか、塞がっているか。

あなたにとって大事な神様とのご縁を強めているか、弱めているか。

守ってくれる神様は、おひと方ではありません。

せっかくなので、あなたに特別に力を貸してくださる神様のことをご紹介します。

・俗に「守護神」と呼ばれる「あなた自身を守ってくださる神様」

・あなたの家筋の**「祖神《そしん》様」**

・あなたが住んでいる土地の神様（※地域により、産土神様《うぶすなのかみ》、氏神様《うじがみ》、鎮守《ちんじゅ》様などいろいろな呼び方があります。本書では住んでいる土地を守る神様を「産土の神様」、家筋の神様を「祖神様《そしん》」という呼び方でご紹介します）

・**初宮参り**《はつみやまい》をしてもらった神社の神様

・日本人の魂のふるさと**伊勢神宮**

など。

なぜかうまくいく人は、神様との道が開いています。あるいは神様とのパイプが通じていて、そこから神様の力をうまく受け取っているはずです。

とはいえ、「初宮参りはしていない」とか、「自分の家のルーツにつながる神様はわからない」といった方もいらっしゃるかと思います。

その場合は、まずは産土神社にご挨拶に行くところから始めることで、神様とのご縁の扉を開いていくことができますので、ご安心ください（産土神社の調べ方は、120ページ）。

# なぜかうまくいく人は、産土《うぶすな》神社を大切にする

## 「祖神様《そしんさま》」とは何か？

祖神様《そしんさま》は、「あなたの家筋の神様」。つまり、**あなたの家のルーツをたどっていくとつながる神様**です。

ご皇室が天照大御神《あまてらすおおみかみ》様の子孫とされるのと同じように、あらゆる家筋の方も神々の子孫であるとされます。もし自分の家のルーツ、それにつながる神様がわかる人は、その神様を祀《まつ》る神社にお参りするとよいでしょう。

ですが、自分の家がどの神様と深い縁を持っているかをわかる人は少ないはずです。それにこだわるよりも、むしろ春秋のお彼岸などにお墓参りをして先

祖に手を合わせることをしてください。

「えっ？　神様の話をしているのに、突然仏様の話ですか？」

と言われそうですが、日本人は、もともと神様も仏様もともに大事にしてきました。

神道では、人は亡くなったあとに「遠津御祖神《とおつみおやがみ》」になり、「その家の守り神様」になるとされています。

あの世の先祖は、まだまだ子孫を守るというよりも、子孫からの供養が必要な方が多いと思いますが、だからこそ心を込めてお参りして差し上げるのです。損得で考えてはいけませんが、先祖で「その家の守り神」になれる力を持った方が多ければ多いほど、あなたやご家族への守りは強くなります。

「自分が今あることも、ご先祖様のおかげ」

そう思ってお参りをしてください。とても心がさわやかになるはずです。

## 産土の神様は、願いを神々につないでくれる「担当者」

**あなたが住んでいる土地を守る神様を産土《うぶすな》の神様と言います。**

私は、師より、次のように教わりました。

「産土の神様は、そこに住んでいる人を守ってくれるだけでなく、その人たちの願いの窓口になってくださる神様だ」

日本には、「八百万《やおよろず》の神様」というように、数多くの神様がいらっしゃいます。そしてそれぞれ担当される専門分野があります。ここがおひとりの神様がすべての権限を持つ一神教と違う点です。

では質問です。

**あなたの今の願いを叶えてくれる神様は、八百万の神様のどなたでしょうか？**

案外わかりにくいですよね。だから産土《うぶすな》の神様を通じて、あなたの願いを神様の世界につないでいただくのです。

問題は、あなたが産土の神様とつながっているかどうかです。

生まれてから一度も引っ越しをしたことがない人は、産土神社が変わりませんのであまり問題ないかもしれませんが、現代は一カ所に住み続ける人のほうが少ないでしょう。

## 引っ越しと同時に、神様と疎遠になっていませんか？

あなたは、今、ご実家にお住まいですか？

それともふるさとから離れて、大学に通ったり仕事をされたりしていますか？

あるセミナーの中で「生まれた土地に今も住んでいる人は？」とお聞きした時に、八十人参加する中、五人くらいしか手が上がりませんでした。

「では引っ越しした先の、近くにある神社にお参りしたことがある人は？」

とお聞きするも、これもやはり、パラパラとしか手が上がりませんでした。

ほとんどの人は、引っ越し先の神社とは無縁なのです。

だから**引っ越しと同時に、神様とのご縁が薄れてしまっている**可能性があります。


本当は、役所への転入転出届と同じように、産土の神様に対しての転入転出のご挨拶をするとよいのですが、ほとんどの人はしていないと思います。

私も師と出会うまで、全然それに気がつきませんでした。だから引っ越しした先の産土神社を知らないまま通り過ごしてしまったこともあります。

そこに住んでいる時は、なじみのない土地だから居心地が悪いのかなと思っていましたが、いつまでたってもよそ者感が拭い去れないし、その土地に対する愛着も持てない。それでも「一時の仮住まいだから仕方がない」と思っていました。

その土地の神様に挨拶をしていないと、その神様のエリアには入っていない。

まさに当時の私は、その土地ではよそ者だったのです。

もしお参りがまだでしたら、**今からでも産土《うぶすな》神社を神社庁で調べて、お参りしてきてください。**

きっとその土地に住んでいる居心地の悪さは、解消するはずです。

転勤の多い方などは面倒に感じるかもしれませんが、新しい土地にいち早くなじむためにも効果大です。それは自分だけでなく、家族のためにも。

今住んでいる土地の神様である産土神社へのお参りは、ふるさとから離れている人にも大きな安心感をいただけるはずです。親にすぐ近くで見守ってもらえなくても、産土の神様があなたを見守ってくださるからです。

それをせずに、ひとりで頑張りすぎていませんか？

あなたは、もっと神様に守られていい。そしてもっと人生を充実させることができるのです。

## 「ふるさとの神様」はあなたの味方です

普段は自分の実家や田舎のことを忘れて過ごしていても、たまに帰ると、「ああ、やっぱり『ふるさと』って、いいなぁ」と思うのではないでしょうか。

私は何代も続く生粋《きっすい》の江戸っ子なので、ふるさとのありがたさをあまり知りませんが、皆さんの郷土愛に触れるたびに、うらやましくなります。

ふるさとに帰った時には、地元の神社にお参りしてみてください。そこはご家族の産土神社だったり、初宮参《はつみやまい》りの神社だったりするかもしれません。ならばなおのことです。

懐かしさがこみ上げてきて、「あー、神様に守られているな」と感じるはずです。

**ふるさとの神様は、あなたの味方です。**都会で傷だらけになった心も温かく包んでくれるはず。ふるさとのお祭りの時などに、帰ってみてください。

# なぜかうまくいく人は、初宮参《はつみやまい》りの神社を大切にする

## 最初のご縁を持った神様とは魂のつながりがある

あなたは、赤ちゃんの時に初宮参《はつみやまい》りをしてもらっていますか。

もし初宮参りをしていたら、ぜひ機会を見てその神社にお参りして来てください。


**初宮参りの神様は、あなたが最初にご縁を持った神様**です。

ですから、まずその神様にご挨拶に行って、「今、何歳になりました。ありがとうございました」とお礼を言ってこられるとよいと思います。

あなたにとっても、最初にご縁を持った大事な神様。初宮参りをした神様は、あなたの成長をずっと見守ってくれています。

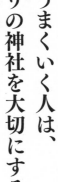

きっと、ずいぶんご無沙汰していますよね。ですから、きちんとご挨拶とお礼をして来てください。

ところであなたは、その初宮参りの神様を、覚えていますか？

「えっ？　覚えているも何も、最初から知らないよ」

と言われるかもしれません。

昔から日本では、**「赤ちゃんは神の懐《ふところ》にいる」**とも言われます。赤子の心は、神《かん》ながら。たとえあなたに記憶がなくても、あなたの魂は知っています。

だからその神様のところにお参りすると、あなたの魂が動き出す可能性があります。

赤ちゃんの時に持っていた、神様にそのままつながれる力が動き出すのです。

# 人生に大きな気づきを与えてくれる伊勢神宮

## 日本人の魂のふるさと

今まで、あなたの特別な力になっていただける神様として、祖神《そしん》様、産土《うぶすな》の神様、ふるさとの神様、初宮参《はつみやまい》りの時の神社の神様のご紹介をしてきました。

次に、「日本人の魂のふるさと」である伊勢神宮のお話をします。

**お伊勢様は、本来国家の繁栄とご皇室の弥栄《いやさか》を祈るとされ、個人のお願いをしないことが原則**です。

個人の願いはしないけれど、神様に対する感謝を述べたり、心を鎮めて自分のこれからの生き方や天命を問いかけたりすると、時に人生の大きな気づきや変化を得られることがあります。

年に一度、あるいは二度、日常の自分から少しだけ離れる。そして伊勢神宮にお参りすることで得られる大切なことがあります。それは日本人としての魂の蘇《よみがえ》りと大きな視野。

かつてアメリカのケネディ大統領が演説の中で残した有名な言葉があります。

**「国家がわれわれに何をしてくれるのかと問う前に、**
**われわれが国家のために何ができるか**
**と考えてみようではありませんか」**

伊勢でこの言葉をご紹介すると、涙を浮かべてこう言われる方もいます。

「この言葉、知っているはずなのに、胸に響いてくる何かが全然違う！」と。

日本には、昔から「お国のために」という言葉がありますね。だから胸に響くのです。中には国家レベルでの貢献と自分の仕事が結びつく人もいます。その時には今までにないお仕事の話やお客様との出会いが得られるのです（第6章でご紹介する二十年ごとのご遷宮《せんぐう》でのお話と併せてお読みください）。

かつては「一生に一度は伊勢参り」と言われていました。今はこれだけ交通機関が発達しています。ですから、私は、「年に一度の伊勢参り」をおすすめしています。

私が主催する伊勢参拝にご参加された方には、すごい変化が起こっています。

その話をそのまま書くと「マユツバ？」と言われそうなほどです。

たとえば、

・参拝後三年で東京の一等地に自社ビルを建てた広告代理店の社長
・五年で五倍、十年で十倍の売り上げになった会社
・業界の品質評価がＣクラスだった会社が、数年でＡクラス入り、現在は全国一の評価
・今までとはステージの違う人が次々とクライアントになったコーチ
・半年で、年間目標の九割を達成した方
・その年のうちに天命と運命の人に出会った方

### ・ご主人の病気が治った方

これ以上書くと、ご利益《りやく》信仰のようになってしまいそうですので、やめておきます。

あくまでこれは結果であって、大事なことは「神様に真摯に向き合う」という姿勢や、「今までのお礼を伝えたい」と思う心あってこそです。

だから**くれぐれもお伊勢様に現世利益の願いをすることは控えてください。**

心からの感謝の気持ちと、「日本のために」という心でお参りした時、大きな変化が起きるのですから。

「ビルが建つならば」「病気が治るなら」「仕事が増えるなら」と思ってお参りした方には、不思議なほどその効果は現れないのです。まずは素直な気持ちで神前に立つようにしましょう。

ここで、自然に頬を伝う美しい涙の話をご紹介します。

## 神社で心が洗い流される瞬間

あなたは、神社で涙を流したことがありますか？

普段出る悲しみの涙とは全然違う、心を洗われた時に出る美しい涙です。

そんな体験をした方のお話をします。

三年ほど前に、伊勢神宮の参拝研修に参加されたKさんは、伊勢に向かう車中で、こんな体験をしました。

「なぜだかわからないけれど、来る途中の電車内で涙が自然にあふれ、止まらなくなりました。周りの人に見られて、とても恥ずかしかった。でも嬉しくて。自分でもわからないのですが、言葉にならない感激が胸の奥からわき上がってきて、伊勢に近づくにつれ、それがどんどん強くなってきたんです」

頬をやや紅潮《こうちょう》させながら、そう話してくれました。

「えっ？　何の理由もなく涙なんて出るの？」と思われるかもしれません。

はい、出ます。これは心を洗われた時に出る涙です。

これが本当の自分だと感じる瞬間、人は自然に涙がこみ上げてきます。

これはおひとりではなく、何人もの方が体験されています。

別の機会にお参りしたSさんも、一緒に参道を歩いている時に隣で静かに涙を流していました。

「悲しくて泣いているんじゃないんです。自分でも、どうして涙が出るかわからないのですが、涙が止まらない。恥ずかしいです」

とはにかみながら話してくれました。「でも私、胸の奥で、ずっとこれを待っていたんだって感じるのです」と言われました。

Sさんの静かに頬を伝う涙はとても美しかった。

そして彼女はひと言「胸がいっぱいです」とつぶやきました。

## 心が満たされる、心が落ち着く

神様や神社のお話をすると、金運や恋愛運など「運気」が得られるか、といった現世利益の話ばかり想像される方もいらっしゃいます。

しかし、神様や神社が人に与える力は、それだけではありません。

神様の本当の力は、お金では買えない幸せにもつながっています。

たとえば、心が満たされる、心が落ち着く、人を許せるようになる。人に温かい心で接する気持ちのゆとりが生まれてくる。

神様の力を上手に受け取ると、こんな心の変化が得られるのです。

お金を出しても買えないこと。そのひとつが、心が満たされることですね。

毎日の生活では、どうしても人と人とがぶつかり合ったり、ギクシャクしたり、時には心がズタズタになることもあります。

でもそれを癒《いや》してくれるだけでなく、新たな力を授かり蘇《よみがえ》らせてもらえる。

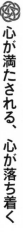

神社に行くとそんな力を授かることができます。

その結果、ずっと閉まっていた「互いの心の扉が開く」こともあります。

実際、次のような話がたくさんあります。

・ずっとギクシャクしていた嫁と姑の関係が円満になった。

・仕事が忙しすぎて、家族と心の距離ができ、家の中に居場所がなかった人が、お参りのあと、家族との時間に安らぎを感じられるようになった。

・一緒に仕事をしているが、ややよそよそしい関係の兄弟が、そろって参拝して柏手《かしわで》を打った時、心がひとつになったように感じた。

・仲違いをして十年来音信不通の親友と、電車の中で突然再会。その場で和解ができた。

「人」という字は、互いに支え合う姿を表わしていると言われます。神様の前に立つことで、人と人との間の目に見えない隙間が埋まったら嬉しいですね。

## 神様の力をうまく受け取ると、お金で買えない幸せを手にする

「何のために働くのか？　当たり前じゃないか。それは金のためだよ」

そう豪語していたUさん。この方は、お父さんから事業を引き継いで、数年で十何倍もの売り上げに押し上げたほどのやり手の社長さんです。

でも生き方の中心は、「金」でした。

経営者の仲間から「仕事を通じて世の中に貢献するため」という話を聞くたびに、「ウソつき！　そんなきれいごとで、世の中を渡れるわけないだろ」と思っていたそうです。

そのUさんが、私の主催する経営者の魂の道場「大志塾」で学んで一年ほどした時、大きなお仕事のヤマを乗り越えることができました。そしてお礼の気持ちを込めて、一緒に伊勢神宮に参拝した直後のことです。

Uさんは、「あっ！」と言って自分の胸に手を当てました。

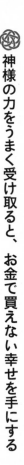

「どうしましたか？」

「オ、オレ、もしかしたら、これを求めていたのかもしれない！」

「そう？」

「今、胸の奥で響いたんです。気づかなかった。こんな思いがオレの中にあるなんて……」

「オレは、金を稼ぐことが人生の幸せで、勝ち組になることだとずっと思っていました。でも先生を見て、近くにいて気づいたけど、人生の幸せって、金じゃ買えないところに本当の幸せがあるのですね。あ、もちろん金も大事ですよ」

と彼は照れくさそうに言いました。

お金を出しても得られない幸せ。神様の前に素直な心で立って、心の鎧を脱ぐことができると、今まで気づかなかったことが見えてきます。

胸の奥まで響く感動に包まれる時があるのです。

ただこれを体験するには、あなたの側での「事前準備」が必要です。何もしないで神社に行ってもこの感動は得られません。第2章でご紹介するお参りの服装、第5章の「神社参拝の仕方」、第6章の「禊《みそ》ぎの習慣」をご覧になり、実践してください。

# 神様が喜び、福を呼ぶ魔法の言葉

## 伊勢の「おかげ横丁」の由来

伊勢神宮にお参りすると、すぐ近くにおかげ横丁があります。おかげ横丁は、江戸時代のおかげ参りの頃の伊勢の様子を再現した町です。

赤福餅や手こね寿司など、お参りのあとで楽しい時間を過ごした方も多いと思います。おかげ横丁は、「お伊勢さまのおかげで商売繁盛」という意味なのかと思っていたら、もっと深い意味がありました。

次の言葉は、おかげ横丁のパンフレットからの引用です。

伊勢は二千年の昔から神様がご鎮座《ちんざ》されるところです。
ここに住む私たちは、暮らしのすべてが神様のおかげと感謝しております。
おかげ横丁は、そんな思いから誕生しました。

「暮らしのすべてが神様のおかげ」。ステキな言葉ですね。

## 「おかげさまで」は、神様が喜び、次の福を呼ぶ

つかんだ運をつなぎ止められる人は、素早い行動とともに、ある言葉を持っています。それは、次の二つの言葉です。

**「おかげさまで」**
**「ありがとうございました」**

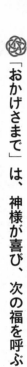

「『おかげさまで』なんて古いよね」と思われますか？

ですがこれは、**「神様が喜び、次の福を呼ぶ言葉」**だとしたらいかがでしょうか。

日本は「言霊《ことだま》の幸《さきは》ふ国」とも言われ、言葉をとても大切にしています。良い言葉を使えば良いことが起こり、悪い言葉を使えば悪いことが起きてしまいます。

神様へのご挨拶やお願いも、この「念と言霊」を通してですので、神様が喜ぶ言葉の習慣は、そのままあなたの開運につながります。

私は、三十年近く神道一筋に過ごしてきて、その間にいろいろなご相談も受けてきました。だから願いが叶った時に、その方がどんな反応をされるか、そしてそれが次にどうつながるのかを人の何倍も見てきています。

**なぜかうまくいく人は、共通してこの「おかげさまで」と「ありがとうございました」を口にしている**ことに気がつきました。

「おかげさまで、試験に合格できました」
「おかげさまで、いいご縁をいただき、結婚が決まりました」
「おかげさまで、主人とうまくいくようになりました」
「おかげさまで、自分の気持ちの整理ができました」
「おかげさまで、この不況にもかかわらず、増収増益です」
「おかげさまで、子どもが仕事を継いでくれることになりました」

「おかげさま」は、目の前で支えてくれた人のおかげだけでなく、ご縁や運を与えてくれた神様のおかげ、そんな心を表わしています。
だからうまくいった時に、それを自然に言える人は、周りの人からも「次に何かあった時にも応援してあげたい」と思ってもらえます。

**反対に一時的にうまくいっても、途中から失速する人の言葉が「どういうわけか」**です。

「どういうわけか、仕事が順調なんです」

「どういうわけか、売り上げが伸びました」

「どういうわけか、よくなりました」


「どういうわけか」は、「誰のおかげも受けていないよ」と言っているようなもの。だから、人の好意も神の恵みもその時限りで、運を手放してしまうことが多くなります。


「おかげさまで」は、日本人が元々言っていた言葉。

「おかげさまで」と言えば、さらに「おかげさまで、もっとよくなりました」と言いたくなる嬉しいことが続いて起きてきます。

私はこれを**「おかげさまが呼び込む開運サイクル」**と呼んでいます。


他方、「どういうわけか」は、「どういうわけか停滞サイクル」に入ります。

せっかくですので、神社にお参りした時には、「おかげさまで」を言う習慣をつけてみてください。

「神様、ありがとうございました。おかげさまで〇〇が叶いました」

神社には「お願いします！」「これを叶えてください！」といった言葉があふれています。だからこそ「おかげさまで」「ありがとうございました」の言葉はひときわ光るのです。

何もない時でも、「おかげさまで、今日も一日命をいただきました」「おかげさまで、今月も元気で過ごせました」とお礼を言える人はステキですね。神様にも喜んでいただけます。

人の人生は「努力×運×きっかけ」で大きく変わります。

そのきっかけとは、「感謝の言葉と行動」から得られることが多いのです。

# なぜかうまくいく人は、「恩返し」を必ずする

## 愛され続ける社長が恩返しのプロだった話

「ささやかでもご恩返しさせてください」

Iさんは、笑顔が素敵な社長さんです。なぜか周りの人が、その人のことを応援してしまう、大事な時には選ばれる。そんな方です。

私は、その方に対して、「何で、いつもこの人は選ばれるのだろうか」「この人のために、ここまで頑張る人が出るのは、なぜなのだろうか」と思ったことがあります。

ある時私は、Iさんを伊勢神宮にご案内しました。

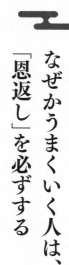

帰りの電車でも、偶然ご一緒の席になり、そこでIさんは大変に貴重な話を聞かせてくださいました。どう考えても、その方のビジネスにとっての極意と思える話です。聞いた私には、目からうろこが何枚も落ちるほどありがたい情報でした。

「こんなところまで教えていただいて、ありがとうございます」とお礼を言った時、「いいえ、とんでもない。私のほうこそ今日は一日ありがとうございました。藤原さんのおかげで素晴らしい体験をさせてもらいました。だからささやかでもご恩返しさせてください」とおっしゃいました。

さらに別れ際に「何か私で役に立てることがあったら、いつでも言ってきてくださいと笑顔で言ってくださり、さらに後日、心のこもったお礼の品が届きました。Iさんとはその後もずっとお付き合いが続いています。

「何で、いつもこの人は選ばれるのだろうか」

「この人のために、ここまで頑張れる人がいるのは、なぜなのだろうか」

その答えをその時に得たのです。とても納得しました。

というよりも内心舌を巻きました。ここまでさらりと「ご恩返しをさせてください」と言いながら心あるお礼をされたら、次に何か頼まれた時でも喜んでさせていただくだろうと。

Iさんは、間違いなく神様が味方したくなる人です。

だから参拝後しばらくして「おかげさまで、お伊勢様の後に大きな仕事が進展しました」とお知らせいただいた時も「やっぱり」と思いました。

## 神様に「ご恩返しさせてください」と言ったことはありますか？

ところで、あなたは、神様に「ご恩返しさせてください」と言ったことがありますか？

私がそう聞くと「そんな……あるわけないじゃありませんか」と言う方がほとんどです。

でも、あなたが、

「神様の意にそった人生を送りたい」

「神様の意に叶う仕事がしたい」

と思っていたら、この切り替えはとても大きな意味を持ちます。

**「願い」は、「あなたが中心」ですが、「神様へのご恩返し」は、「神様の願いに心が向くこと」だからです。**


神様は、普段お願いされるばかりです。

その中で「神様、いつもありがとうございます。ささやかでも神様にご恩返しをさせてください」と言う人がいたら、今までの何倍もその人に力を貸してあげたいと思ってくださるはず。

あなたが、もし人からたくさんのお願いや相談をされる立場だったら、よくおわかりいただけると思います。願いごとをするだけで、その後の報告やお礼を言える人は残念ながら少ないですよね。まして「ご恩返しさせてください」なんて言ってくる人は、百人にひとりもいないでしょうから。

さらにそれを神様に対して言える人は、皆無《かいむ》に近いかもしれません。

だからこそ、価値があるのです。

神様へのご恩返しは、神様のお社を建て替えるためのご寄進《きしん》などもそのひとつです。境内のお掃除を手伝うこともそうです。

ささやかでもきれいなお社に建て替えるお手伝いができたら、次に自分の子どもや孫がお参りする時にも、神様から「おお、あの人の子どもか」と大事にしてもらえるでしょう。

親は子どもより年上ですから、普通は先に（あの世に）旅立ちます。だから子どもの人生を最後まで見守ってあげることはできないですね。でも神様にずっと見守っていただくことはできると思いませんか。

なによりお掃除などをした時に、自分の中の清々しさを一度体験してみてください。「ただお願いするだけの時とこんなに違うのか！」と驚かれると思います。

# 「おみくじ」から神様の力を受け取る

## おみくじひとつで人生を変えた人の話

著名なある会社経営者からお聞きしたお話です。

「十年ほど前、仕事でにっちもさっちもいかなくなった時に、ひとりで近くの八幡様にお参りしたことがあります。不安で心は押しつぶされそうでした。参道を進み、石段を一段ずつ登っている時に少しずつ気持ちが落ち着いてきました。

そして祈るような気持ちで引いたおみくじ、その言葉に救われました。その頃は夜も眠れなかったのですが、その時、『どうしたらいいんだ……』という迷いから、気持ちが吹っ切れたのです。

もう打つ手はないと思っていたけれど、とにかくやれるだけやろう。やるしかないと、腹をくくることができました。不思議なことに、そこから仕事の運も上向きになっていきました」

「たった一回のおみくじで？」と思われるかもしれません。この人は祈るような気持ちで引いたおみくじだから、上手に神様の力を受け取ったのです。

遊びで引いたおみくじでは、こうはなりにくい。仮にそのおみくじの中に、その人にとって本当に必要なことが書かれていてもです。本人は遊び半分なのですから、見落としてしまいます。

もうひとりは、結婚生活に悩みを抱えていた女性です。

「これ以上続けられる自信がない……。もう夫とは別れようか」

彼女は、そのことについて、親にも弟妹にも相談できずにいました。その人は、親からも、弟妹からも頼りにされているしっかり者の長女。その期待を崩すことができなかったそうです。

ご本人の言葉を借りれば、「長いことひとりで暗闇の中にいた」そうです。

そんな時に、彼女はひとりで近くの神社にお参りに行きました。

その時に引いたおみくじの言葉で救われたというのです。

「子どもを抱えて生きる勇気をもらった」と。

その人は、「その時のおみくじを今でもここに持っています」と手帳から出して見せてくれました。


**おみくじは、「祈るような気持ちで」引いた時には、人生を支える力になったり、時には生きる勇気を与えてくれたりするものなのです。**

神様の力をうまく受け取ると、不安や迷いを払拭《ふっしょく》できる。生きる勇気をいただける。お二人とも、「自分はひとりで戦っているのではない。この頑張りも神様が見ていてくださる、支えていただいていると感じられて乗り越えられた」と言います。ですから、必ず先にお参りをしてからおみくじを引いてくださいね。

## 書かれている言葉には「読み方」がある

おみくじの話が出たので、神様の力を受け取れるおみくじの読み方もご紹介しましょう。

神社のおみくじに「大凶」はないとされていますが、もし仮に「凶」が出てしまった時でも、その受け取り方で、そのあとに大きな差が出ます。

**・凶を引いた時**

うまくいかない人は、「凶かよ……ついてないな」で終わってしまう。

一方、うまくいく人は「そうか、用心せよということなのだな。先に教えていただき、ありがとうございます」と再び神様に手を合わせられる。

または「よしっ、今は中の力を蓄えよということなのだな。まずは今までの見直しをしてみよう」と前向きに捉えられる。こんな人は神様の力を上手に受け取れます。

**・大吉が出た時**

うまくいかない人は、仮に大吉を引いても「ヤッター！ 大吉だ」と喜ぶだけで、中に書かれている言葉を読もうとしない。もったいないですね。

うまくいく人は「ありがたい。大吉だ。その機会を大事にさせていただきます」と手を合わせられる。そしてそこに書かれている言葉をしっかりと読んで行動に活かします。

大吉に書かれている言葉には、大きなヒントが書かれています。上手に受け止められると、本当に大吉の未来が訪れます。しかし、**大吉を引いたのに、自らの受け止め方が悪いと、せっかくの大吉を、自ら「中吉」や「小吉」にしてしまう**のです。

本気で神様に問いかける気持ちでおみくじを引くと、驚くほど的確にその人の進む道を指し示してくれることがあります。

私の知人が、家族とケンカをして家を飛び出したあと、気持ちを静めようと神社にお参りした時のことです。そこで引いたおみくじが、「家族と仲良くしなさい」でした。家に帰って「さっきは、ごめんね。神様に叱られちゃった」と言って、おみくじを見せたら大笑いされて一気に仲直りができたそうです。

このように「おみくじの言葉で救われた」「気持ちを切り替えられた」という話は多いのです。おみくじに書かれている言葉は前向きに活かすべきです。辛い時におみくじの言葉で救われて、その時のおみくじを今でもお守りのように身につけているという方もいらっしゃいます。

ところでおみくじを読んだあとは、どうしていますか？

**近くの木の枝に結ぶ人もいますが、それはなるべく避けてください。**

神社の境内《けいだい》の木は、ご神木《しんぼく》でなくても神様の木です。たいていはおみくじを結ぶところが用意されていますので、そこに結んでください。

# 第2章

# やってはいけない
# 神様への接し方

# 神様へのお参りは服装から

## 神様と接する時の原則

「神様への接し方」というと、すごく特殊なことのように思われるかもしれませんが、意外とシンプルです。「はじめに」でも触れた通り、神様への接し方と最も尊敬する人への接し方はとても似ています。

**「人の世界でしてはならないことは、絶対にしない」**

これが原則です。

簡単なようで、今、神様に対してこれをしている人はものすごく少ないです。

たとえば私たち人の世界でも、「礼を失したら、次からは相手にしてもらえない」ということがありますよね。神様との接し方でも同様。だから、「人の世界でしてはならないことは、絶対にしない」のです。

ここに注意するだけでも、少なくとも神様から嫌われることはありません。ただし、今、常識と思われている神社への参拝や、神様への接し方の中には、「礼を失している」ことも多々あります。接し方を正すだけで「この人は、ほかの人とは違う」と、神様から見ていただけるようになります。

では具体的にどんな点に注意したらいいか？

それは服装です。お参りの時の服装から、ひとつずつお話ししていきます。

## 神前での服装は「目上の人」と会うように

先ほど私は、「神様に対する接し方は最も尊敬する人に対する接し方に似ている」と言いました。

では、お参りする時の服装は、どのようなものがよいのでしょうか？

「神社にお参りする時には、どんな服装がいいですか?」と聞かれた時には、私はこうお答えしています。

**「自分より目上の人の前に立つ時に、どんな服装をされていますか? たいてい自分の持っている洋服の中で、一番きちんとして見られると思われる服を選んでいませんか。神様に対しても同じです」**

このように答えると、皆さんハッと我に返ったような顔をされます。

目上で位の高い人とお会いする時、だらしない格好や普段着などラフな着こなしでお会いする人は少ないはずです。しかし、神社に行く時は、神様にお会いするというのに、だらしない格好、ヨレヨレの格好をしている人も少なくありません。

時々タレントさんが、神社を背景にタンクトップに短パンといった肌を出した服装でカメラに収まっていることがありますが、誰も注意をしてあげないのだろうか、と見ていて冷や汗をかいてしまいます。

こういった服装がNGなのは、神社だけではありません。海外の宗教施設でも服装規定があります。ですから、外国のきちんとした方が見たなら、きっと笑われてしまうでしょう。

## 伊勢神宮の御垣内参拝《みかきうちさんぱい》の服装

伊勢神宮の御垣内参拝《みかきうちさんぱい》に、皇族の方や総理大臣がお参りする時には昼の正礼装であるモーニングコートを着用されます。国のために役目を果たしたいという、神前に真摯に立つ姿勢を服装でも表わしていらっしゃいます。

ですから新年に社長さんが伊勢神宮にお参りする時には、それより若干略式になりますが、ブラックスーツに白ネクタイなどの礼服でお参りすることをおすすめしています。女性もこれに準ずる服装が望ましいです。

こうすることで、神様からの扱いは全然違うものになります。ある時、社長さんたちのご希望で、紋付き羽織袴でお参りしていただいたことがありますが、参道での注目度も、お参りされたあとの気づきも普段より何倍も大きくなったと驚かれました。

伊勢神宮の御垣内参拝《みかきうちさんぱい》（内宮《ないくう》・外宮《げくう》の両宮《りょうぐう》の御正宮《ごしょうぐう》の垣根の奥に入って行う特別参拝）の時は、略式でもスーツにネクタイを着用する必要があります。ノーネクタイでは中に入ることができません。ネクタイをつけていても奇抜な色合いのものやアニマル柄などは避けましょう。

## 晴れ着の秘密～神様はつねに正装をしている～

ところで神様はどんな装束をしておられるのでしょうか。

「神様はつねに正装しておられる」とお聞きしました。

それであれば私たちも自分にできる改まった服装をして、神様の前に立つのが礼儀ですね。特に伊勢神宮の御垣内参拝や正式参拝などの時には、それを心がけたいものです。

代表的な服装を考えると思い浮かぶのは、「晴れ着」かもしれません。

晴れ着とは「ハレの日」に着る服のことをいいます。

日本は古来より、日柄《ひがら》を「ケの日」「ハレの日」と使い分けていました。日常の日を「ケの日」と言い、冠婚葬祭や神社や寺での法会などの非日常の日を「ハレの日」と言っていました。

「晴れ着のハレの日、普段のケの日」という言葉があります。ハレの日に着る服を晴れ着といいます。結婚式の時や七五三の時には、晴れ着を身につけます。これはもともと、神様の前に立つためのものだからです。

毎日散歩の途中で、神社に立ち寄りお参りする時は、多少ラフな格好で行ったとしても、結婚式や七五三、初宮参《はつみやまい》りなどは服装を改めてお参りしますよね。

本来、日本人はこうしたけじめをとても大事にしてきたのです。

## 暑い季節の服装は？

ジリジリと太陽が照りつける中では、参道を歩くだけでも汗だくになります。そんな中、正式参拝をする時の服装は、どのようにしたらよいでしょうか。

正式にお参りする時の基本は長袖、肌をなるべく見せないことです。男性は、スーツで行けば問題ありません。女性もスーツや、それに準ずる服装で行きます。半袖や袖無しのブラウスやワンピースなどで行っても、参拝する時には長袖の上着を羽織るなどの気配りをしましょう。きちんとした服装でも、なるべく風通しがよく、できれば速乾性のあるものを着用するのがおすすめです。

大きな神社ほど参道も長く、お参りするまでの歩く距離も長いので、日差しに弱い方は、途中、日傘をさしたり、帽子をかぶるなどしてください。炎天下の中でも、「鎮守《ちんじゅ》の森」という言葉があるくらい、神社にはたくさんの木々がありますから、木陰などに入ると風がさわやかに感じます。

神様の前では、その人の思いに応じた縁や福を授かります。これを「相応《そうおう》の理《り》」といいます。真摯《しんし》な気持ちでお参りした人には、神様も真摯に答えてくださるでしょう。いい加減な気持ちでお参りした人はきっと放置です。神様は、バチを当てるということはされないと思いますので。

服装は、その人の神様に対する心ばえを表しています。

しかし緊急の場合や経済的に難しい時にはその限りではありません。神様はその時にできる最善を望まれているでしょう。だから、真摯な気持ちでお参りすれば大丈夫ですので、ご安心ください。

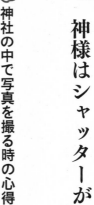

# 神様はシャッターがお嫌い

## 神社の中で写真を撮る時の心得

服装の次は、写真のマナーについてお伝えします。
鳥居《とりい》をくぐったその先は、神様のご神域《しんいき》です。
だから神社で写真を撮る時には、次の点に注意してください。

**お社《やしろ》やご神木《しんぼく》などの写真を撮る前に、軽く一礼し、ひと言ご挨拶をしてから写真を撮る。**

これが大切です。具体的には、写真を撮る前に軽く頭を下げて、「よろしくお願いいたします」「写真を撮らせていただきます」とお断りをしてからシャッターを押します。

それをしないでいきなりバシバシ撮ると「失礼な人が来た」と思われます。

よく「藤原さんが撮る写真は、格別に神気《しんき》が強いですね」と言っていただきます。実際に珍しい写真もたくさんあります。それは特別なことではなく、写真を撮る前にちゃんとこのご挨拶をしているからです。

そして**何より大切なのは、興味本位で写真を撮らない**ようにすることです。もちろん私も、意味なく勝手気ままにシャッターを切ったことはありません。

伊勢神宮では、「最後の鳥居」の手前の石段から撮影禁止です。伊勢神宮に限らず、どの神社でも神前は基本撮影禁止。それを無視して写真を撮っていると、ご利益《りやく》どころではなくなります。注意してください。

撮影禁止でない場所であっても、神社の敷地内では、「よろしくお願いいたします」、「写真を撮らせていただきます」とお断りし、軽く一礼してから撮るようにしてください。

この心遣いが、神様に受け入れていただけるコツです。

## 神社に何を求めてお参りしていますか？

あなたは、神社に行く時に何を求めているでしょうか。

「当然、ご利益《りやく》だよ」という答えが返ってきそうですが、ほとんどの人はご利益といいながら、社殿《しやでん》としての建物や鳥居《とりい》などの写真を撮ってそれでおしまい、ということが多いように思えます。今の時代、スマホで気軽に写真が撮れるから余計にそうなってしまうのでしょう。

私は、ある時に次のことを言って、相手の方が固まってしまったことがありました。

「もしかしたら、皆さんは神社に行く時に、建物を見に行って、神様にお会いしに行っていないのですか？」

私としては、無意識に口をついて出た言葉だったのですが、一瞬沈黙され、珍しいものでも見るような視線と、その場の気まずさに次の言葉が続きませんでした。

たしかに神社仏閣は、日本の原風景のひとつです。

そこに行くと心が和んだり、満たされた気持ちになったりすることは確かです。「あぁ、自分は日本人だ」と感じるひと時でしょう。

でもそこからもう一歩考えを深め、**「神様に会いに行く」**と思ってみてください。

その意識でお参りをすると、格段の気づきが得られます。

ご利益とは、お参りのあとに十万円入りのお財布を拾うことでもなければ、突然幸せが天から降ってくるような棚ぼたでもありません。

「いい縁を授かる」ことであり、「運勢の底上げをしてもらう」こと。そして何より、自分の心が穏やかに清々しくなったり、迷いが吹っ切れたりすることです。

神社にお参りすることで得られるご利益《りやく》は、計り知れないほど大きいものがあります。

# ご神木《しんぼく》へのお作法

## 抱きついたり手を触れたりするのはNG

ご神木《しんぼく》へのお作法もあります。

「ご神木に触れて、木のパワーをもらってくるとよいって聞きました」などと言う人もいます。たしかに、神社の中には、ご神木があります。ご神木だけでなく、パワーが得られるといわれる石もあります。

あなたはそんなところに行った時、どうしていますか？

ほかの人が手を触れていたら自分も触りたくなる。抱きついていたら自分も抱きつきたいと思うのが人情なのかもしれません。

実際、自分だけパワーをもらわずに帰るのはもったいない。

そんな気持ちになったりしたことがある人もいるのではないでしょうか。

私も神社の境内で、ご神木《しんぼく》などに抱きついている人をよく見かけます。たくさんの人にさわられて、木肌《きはだ》がつるつるになっている木もあります。

また、木肌の隙間にお賽銭《さいせん》をねじ込まれている木もあります。

中には、ご利益《りやく》を得ようと木肌を剥《は》がして自分の財布に入れる人もいるそうです。

ですが、考えてみてください。

ご神木という以上、神様の木ですよね。その木肌を引っぺがして持ち去った人に、神様はご利益を届け、お財布の中身を増やそうとしてくれるでしょうか?

神様ならご神木を大切にしてくれない人に、ご利益を与えようとは思わないはずです。

私の知人も、そうして木肌を剥がしてお財布に入れているひとりでした。

「実は……」と打ち明けてくれたので、聞いてみました。

「金運は上がりましたか？」

「いえ、あんまり……」

「せっかくお参りしたのだから、少しでもご利益をもらって帰りたい」

その気持ちはわかります。ですがちょっと待ってください。

直接抱きついたり手を触れたりするのは控えたほうが無難です。

実際に、「パワースポット」と呼ばれる石などには、神様が宿っていることもあります。

でも、そこにいきなり触られた時、神様はどう思われるでしょうか？

あなたが有名人になったと想像してみてください。あなたはすでに周りの人から憧れられる、パワースポットのような存在です。皆さんはあなたに憧れています。

ですが見知らぬ人があなたを見て、「あら○○さんだわ。嬉しい！」と、いきなり顔や胸を触られたり、抱きつかれたりしたらどうでしょうか。

パワースポットに触ったり抱きついたりするのは、これに似た行為にあたります。おまけに、「あなたの成功にあやかりたいので、一本くださ～い！」と、髪の毛を引っこ抜かれたり、着ていた服をちぎられたりしたらどうでしょうか。

あなたは、その人を好きになれますか？

その人に力を貸してあげたいと思いますか？

神様も同じです。それは「無礼者！」と言われても仕方ない行為。

「ほかの人はともかく、あなたにだけは絶対に力を貸したくない」

もし、神様からこう思われたらご利益《りやく》どころではありません。それより礼を尽くして教えを請う人、願い出てくる人に、よい恵みを与えてあげたいと思うのは当然ですね。

ですから、**ご神木《しんぼく》は少し離れたところから、根っこを踏まないように注意し**

**つつ、仰ぎ見るような気持ちで「神の気」をいただくとよい**のです。心が落ち着いたり、癒《いや》されたり、時には力がわき出てくるようになったりと、少し離れていても、ご神木としての力は十分に受けることができます。

何百年と生き続けている樹木を前に、それよりはるかに短い寿命の私たちが、「今、命あるこの時がいかに短く、大切な時」であるかを感じることができたら、その先の人生をより有意義なものにすることもできる。その気づきが、人生にとって、とても大事なのです。

**「神様は人の敬《うやまい》によって威《い》を増す」**という言葉もある通り、神様といえども「人々の敬」と「感謝の心」で、より力を得ると言われています。

人々が日々「ありがたい」と手を合わせて拝んでいると、境内にあるご神木もより一層力を増してきます。

そうあってはじめて、神様から受け取れる力もより大きなものになっていきます。

反対に木肌《きはだ》を剥《は》がしたり、木肌にお金をねじ込んだりして木の力を弱めるようなことをしていると、その力はどんどん弱まっていきます。ご神木《しんぼく》などは、少し離れたところから仰ぎ見るような気持ちで。そして神様の力をぜひ受け取ってください。

最後に鎌倉時代の有名な一句をご紹介します。

**神は人の敬《うやまい》によりて威《い》を増し、人は神の徳《とく》によりて、運を添う**

（鎌倉時代　御成敗式目《ごせいばいしきもく》より）

# 本当は怖い神様の話

## 私が、パワースポット巡りをおすすめしないわけ

パワースポット巡りが、まだまだブームですね。神社にお参りに行くと、パワースポット巡りのガイドブックを片手に持った人によく会います。龍神様が好きな人も多いですね。

ですが、私がもし「おすすめのパワースポットはありますか？」と聞かれたら、「それは神社の本殿の中です。大事なお願いがあった時には、神社の窓口で正式参拝（ご祈祷《きとう》）をお願いして神様にきちんとつないでいただきましょう」とお答えします。

これは私の個人的な意見ですが、「パワースポットに、踏み込んで欲しいと

思っておられる神様は、ほとんどいらっしゃらない」と感じているからです。

そして師からも、こう教わりました。

**「神様のところは、人がお参りしてよい場所と、人が立ち入ってはいけない場所があり、そこを侵すとご利益《りやく》どころか、神の怒りを買うこともある」**


「そんなぁ。せっかく楽しみにしていたのに」

「では、パワースポット巡りをしてはいけないのですか？」

たしかに、今、パワースポット巡りがブームになっていて、それを楽しみにその地を訪れる人もいらっしゃいますね。そのすべてがいけないと言うと、せっかくの楽しみがなくなってしまうかもしれません。

ではご自分の気持ちが、次のどちらに近いか問いかけてみてください。

**①あなたは、神様のご縁をいただき、お力をお借りしたいですか？**
**②それとも、観光の一環として神社に行くのが楽しみですか？**

②が強いということでしたら、神社や地域で出しているガイドブックに載せられているところならば、基本危険は少ないと思います。ただし山奥の寂れたところなどは、控えたほうが無難です。そういったところは、神様ではなく動物霊などがいる場合もあるからです。

**パワースポットには、みだりに入らない、触らない**ことです。神様から嫌われずに、本当のパワーをいただくためにも。

たとえば朝日、夕日は本当に美しく神々《こうごう》しく、私たちの命や植物などの成長に欠かせないものですが、直接太陽に触れることができないのと同じです。

神様に直接触ろうとすると、時には大やけどをすることだってあるのです。

## 伊勢神宮参拝の作法「踏まずの石」

伊勢神宮には「天」を意味する「踏まずの石」と呼ばれるところがあります。

正宮《しょうぐう》から荒祭宮《あらまつりのみや》に向かう階段の途中、それも真ん中にあります。ここは柵などで区切られていないので要注意です。

私は、そこの階段を通る時には必ず右端を通り、間違ってもうっかりがないようにしています。そしてご案内する時、次のようにお話ししています。

「これは踏まずの石と言われています。今は、いろいろな人が踏んで残念ながら形が変わってしまっていますが、元は、『天』という字でした。私が二十数年前にお参りしたころは間違いなく「天」と読めました。ですから踏まないでくださいね」と。

でも、話しているそばから、知らない人は平気で踏んづけて通っていきます。話を聞いた直後の人は「あぁ～っ」と声を上げますが、知らない人は「一体何のこと?」「変なヤツら」といった顔をしてさっさと通っていきます。

とはいえ神社の側で、石を踏まれないように囲うなどの工夫はされていません。

これは単なる迷信なのでしょうか。

「天に向かって唾《つば》を吐く」（吐いた唾は、自分にそのまま返ってくる）という言葉があるように、「天」という字に見立てた石を踏むことは抵抗があるのではないでしょうか。

やはり「踏まずの石」は、気をつけて踏まない。足元であっても、そこに神がいると聞いたら人の側がそこは控える。そんな心遣いが欲しいですね。

# 神社で絶対にしてはならないこと

## 神社のものを持ち帰ってはいけない

あなたは、神社から「石」などを持ち帰ってしまったことはありますか？

絶対に厳禁です。もしまだあなたの手元にあるならすぐにお返ししてください。

「神社からは、一木一石一草といえど、勝手に持ち出してはならない」からです。

鳥居《とりい》をくぐったら、そこから先は神の領域。そこにある物は、神様のものです。ですから、そこからどんな物でも勝手に持ち出すと、神様から泥棒の扱いをされてしまいます。

そして神様の世界に通達がいきます。

おそらく、ニュース、ＳＮＳで拡散するよりはるかに速い速度で、あっという間に神様の世界の隅々にまで広がるはずです。つまりどの神社に行っても、それをした人は神様から相手にされなくなります。

人の世界でも、家や会社を訪ねて来た人が帰ったあとで、何か物がなくなっていることに気づいたら、絶対に次から警戒するはずです。それどころか出入り禁止になるでしょう。百歩譲ったとしても、その人に何かをしてあげたいなんて思わないですよね。

もし神社の境内にあるもので、本当に必要であれば、神主さんにお願いをし、きちんと許可をいただいてから、持ち帰るようにしてください。

たとえば家を建てる前の地鎮祭《じちんさい》の時などに、神社の清らかな土を少し分けていただくことがあります。それは神社の土を、家を建てる土地に埋めて、地面の中からも産土《うぶすな》神社とつながり守っていただくためです。

ですが、その土を夜中にこっそり掘り返して持ち帰ったりしたら、その家は果たして神様から守られるでしょうか。

以前にこの話を私のSNS上に載せたところ、問い合わせが殺到しました。


「子どもの頃に、神社からきれいな石を持ち帰ってしまいました」

「木肌《きはだ》を剥《は》がして財布に入れているのですが」

「ずいぶん前に○○を持ち帰ってしまいました」


などなど。「どーしよう」と青くなっているのが目に見えるようでした。


では、ここで救いのひと言を。

「人は神の子」という言葉もあります。

神様は、厳しく叱りながらも、本気で詫びてきた人には、「人は失敗することもある」「気がついた時から改めればいい」と温かく接してくださるのではないでしょうか。

ただそれは「じゃあ、前のことはいいんだ」という意味ではありません。きちんとお詫びをしてください。

**神様への接し方の基本は、「感謝とお詫び」**です。

だから「失礼をしてしまった」と思ったら、「知らないこととはいえ、大変に失礼いたしました」と真摯にお詫びしてください。それがないと気づいたことにならないし、神様から見ての×マークが消えません。

私たち人間の世界では「時効」という言葉があります。しかし、相手が神様の場合、時効はないのです。

どんなに怒っても時がたつとその記憶が薄れ、忘れたりしますが、神様はそうはいきません。それだけでなく、その人だけでは済まないことになります。だからきちんとお詫びをして、けじめをつけてください。

# 「ついで参り」は効果が薄い

## 神様はヒマではない

旅行先で見つけた神社。出張先で見つけた神社。

「せっかく来たのだから、ついでにお参りしていこう」と思ったことはありませんか？

これを「ついで参り」と呼びますが、そのままだと、このお参りの効果は限りなくゼロに近くなってしまいます。

では、なぜ「ついで参り」の効果は薄いのでしょうか？

「ついで参り」の効果が薄い理由は、「神様はヒマではないから」です。

説明しましょう。

「ついで参り」という以上、「主は別にある」はずですね。

神様は、「相応《そうおう》の理《り》」といって、人の思いに相応した力を入れてくださいます。

**人が、何をおいてもと思えば、神様も何をおいてもあなたのために。人がついでと思えば、神様もことのついでにしてくださります。**

怖いのは、ここからです。

人のついでは、どのくらいの間隔でありますか？

一週間に一回？　一カ月に一回？　半年に一回？　一年に一回？

どんなに忙しい人でも、数カ月に一回くらいは「ついで」が回ってきますよね。ですが特に高い位の神様になればなるほど、「ついで」は数万年に一回。

つまり私たちが生きている時間内に、その順番が回ってくることはほとんどないといっていいのです。

だから、特に大事なお願いで神社に行く時は、最初からお参りのために行くようにしてください。「ついで参り」では、いい結果は得られません。

私たちも、どんなに忙しくても「この人の頼みなら、ほかのことを置いてでもしなければ」と思う人と、仮にその時に時間があっても、「この人のために時間は取れないな。用事がある振りをして断ってしまおう」と思う人がいますよね。それと同じです。

## 出張先で、神社にお参りをしたい時にはどうするか？

「せっかく出張で九州まで行くので、○○神社にお参りしたいのですが」

そう思った時には、どうしたらいいでしょうか？

### ・その一　思いを切り替えてお参りする

方法のひとつは、「思いを切り替えてお参りする」ことです。**「出張のついでに、お参りする」のではなく、「○○神社にお参りする時に、合わせて仕事のこともさせていただく」と思いを切り替えてしまう**のです。

実際には、出張が先に決まったとしても、この思いの切り替えができれば大丈夫です。

できれば、その前から「○○神社にお参りしたい」と思う神社をあらかじめ決めておくといいですね。あなたがお参りしたい神社を事前にリスト化しておくと楽しみが生まれます。旅行の時や出張に合わせてお参りしたとしても、それより前にこの神社にお参りしたいと心に決めていたのですから。

お参りしたい神社をリスト化しておきましょう。あくまで一例ですが、

東京なら、東京大神宮、明治神宮、神田明神など。

名古屋ならば、熱田《あつた》神宮《じんぐう》など。

京都なら、平安神宮、石清水八幡宮、松尾大社など。

大阪なら、住吉大社《すみよしたいしゃ》など。
九州の福岡ならば、宗像大社《むなかたたいしゃ》、太宰府天満宮《だざいふてんまんぐう》など。

**・その二　その地域や、地域の人に貢献する**

出張の時には、何らかの形で、その地方のお役に立つ何かのために訪れるはずですね。こんな形でのお参りなら大丈夫です。

「お仕事でこの地を訪れました。この地域に貢献できる、いい仕事をさせていただきたいと思います。どうかよろしくお願いいたします」

講演やセミナー講師としてなら、次のようにするといいでしょう。

「初めてお参りさせていただきます。今回、この地での講演会で話をさせていただきます。どうかこの地方の方たちのお役に立てる、いい講演となりますよう、よろしくお願いいたします」

## お参りの前に、神社のご祭神を調べておく

神社にお参りする時には、そこにどんな神様がお祀《まつ》りされているかを調べてから行きましょう。

調べるのは簡単です。インターネットで、その神社のサイトから、「ご祭神《さいしん》」というところをクリックすれば、すぐにわかります。

**神様のお名前といわゆる功績（ご神徳《しんとく》）を見ておきます。このひと手間をかけるだけで、あなたのお参りは格段に変わるはずです。**

日本の神様は、オールマイティな神様ではありません。八百万《やおよろず》の神様と呼ばれるほど数多くの神様がいらっしゃり、それぞれ専門性があります。だからその神社の神様がどんな神様かを知った上でお参りすると、その神様にぴったりなお願いができます。

武の神様には、剣道柔道などの上達や必勝祈願などをお願いし、知恵の神様には、学業成就をお願いしたほうがいいですよね。

ちなみに神社には、たくさんの神様がお祀《まつ》りされていますが、特別に関心のある方を除いて「主祭神《しゅさいしん》」と書かれているところをまず見てください。

事前にネットで調べておくのが理想ですが、境内にも、「ご祭神 〇〇の神」と、案内されていますので確認することができます。

ただ神様のお名前は、舌を噛みそうなほど難しい読み方も多く、一字違いでまったく別の神様のお名前になってしまうこともあります。古事記を読み始めて挫折するのは、難しい神様のお名前があまりにも多いからとよくいわれます。

**もしご祭神を調べた時に、「名前が難しい」「覚えられない」と思ったなら、「〇〇神社の神様」とお呼びしても大丈夫**です。安心してください。

きっと神様も、「あらかじめ調べてから、神の前に参ったのだな」と温かく迎えてくれるはずですので。

たとえば古事記にも登場する、国譲《くにゆず》りの談判《だんぱん》。そこで力比べをされた神様は、おひと方が鹿島《かしま》神宮の神様「タケミカヅチノオオカミ」。もうおひと方が諏訪《すわ》大社の神様「タケミナカタノカミ」です。ですが耳慣れないですよね。

**人の世界でも、神様の世界でも、名前の呼び間違えは相手に嫌われる元**です。

特に、戦った相手の神様のお名前を間違って呼んでしまったら、神様同士もお困りになると思うので、私は「鹿島の神様」「諏訪の神様」とお呼びしています。

# 第3章

# 神様が味方したくなる人

# 神様が味方したくなる人の秘密

## 神様が味方したくなる人は、感謝の心を持ち続けられる人

「大難《だいなん》が小難《しょうなん》」ということわざがあります。これは災難が予想したよりも軽くて済むこと。事故や災害の時でも、奇跡が起きることがありますね。

その時に「ふーん。運が良かったね」で通り過ぎてしまうか、「これはもっと大きな被害に遭っていてもおかしくないところ、この程度で済ませられたのは、神様に守られたに違いない」と思えるかは大きな違いです。

これは幼稚園の子どもを持つお母さんの話です。

ある時にお子さんが目の前でトラックにはねられて、二十メートルほど飛ば

されてしまいました。お母さんは、その瞬間「あぁ、神様！」と思ったそうです。

　飛ばされた先は、ゴツゴツした岩がたくさんあり、そのどれに激突しても命はなかったと思われる場所。お母さんは胸がつぶれるような思いで、子どもが飛ばされたほうに駆け寄りました。

　すると岩の間から子どもがむっくりと起き上がって、自分に向かってにっこりと笑ったそうです。そのお子さんは、岩と岩の間五十センチくらいの隙間、ちょうど草がこんもり生えている上に落ちたようです。


「これは神様に命を救っていただいたに違いない」

　その方は、お礼の手紙を添えていつもお参りしている神社にお玉串料《たまぐしりょう》を納めました。そしてそれから毎年、その日を息子の命を救っていただいた日として神様にお礼を続けています。

「今日は息子が神様から命を救ってもらった日です。あれから〇年たちました。息子も元気に過ごしています。ささやかですが、感謝の気持ちです」と。もうこれが十年以上続いているそうです。

**奇跡が起きた時に、「これは神様に守っていただいたに違いない」と手を合わせ感謝できる人は、次も神様に守っていただける可能性が高いです。**

神様は、感謝の心を持ち続けられる人の味方になってくださいます。

「オレは、運が強いんだ」と自分の運を信じることも大事ですが、神様に対する感謝、生かされているという謙虚さを持ち続けたいですね。

車に乗っていると、ヒヤッとする場面があります。その時は相手の車や飛び出してきた人に「バカヤロー」と言いたくなるかもしれませんが、事故にならずに済んだ時には神様にお礼を言いましょう。

運転しながらでもいいですから、即「神様、守っていただき、ありがとうございました」と言葉に出して言うとよいです（くれぐれもハンドルから手を離さないでくださいね。運転中は手を合わせず、言葉にするだけで大丈夫です）。

私たちが気づかないだけで、何度も命を助けてもらっているはずですから。

## 神様が味方したくなる人は、年末にお礼のお参りに行く人

先の章でも述べましたが、神様に接する基本は、「感謝とお詫び」です。中でも**「ありがとう」は、神様に味方してもらえる大事なカギ**になります。ですから感謝の習慣を行動に加えていきましょう。

まずは初詣《はつもうで》に加えて、年末のお礼のお参りをするとよいです。

私はいつも年末の早朝にお参りするのですが、朝の光の中で参道を歩いていると、「あぁ、今年も神様に守っていただいたのだなぁ」と強く実感します。なんだかとても神様が近くにいらっしゃる、そんな感じを受けて、とても心が清々しくなります。

初詣だけでなく、年末にお礼のお参りを加えると、神様とのご縁がグッと深まります。年始は参道にあふれるほどの人がお参りしますが、年末の神社はとても人が少なくなります。だから心静かにお参りすることができます。

初詣《はつもうで》には、たくさんの人が同じ時期にお参りします。押すな押すなというほど大勢の人ですね。これだけ大勢の人が一度にお参りし、そして誰もが神様に今年の幸せや健康などのお願いをします。

そんな中で、神様があなたの願いを受け取ってくださるのは、はたして何番目くらいでしょうか。前の年にきちんとお礼に行った人は、「おぉ、来たか」とほかの人とは別に手招きしてもらえるはず。

初詣の時にほかの人を押しのけてお参りする人がいますが、はっきり言って見苦しいものです。

人を押しのけてでも自分のご利益《りやく》を優先させる人は、当然、神様からは相手にしてもらえなくなる可能性が高まるのです。

# 誕生日の過ごし方で、天命に近づける

## 誕生日は、自分の「天命」と向き合う日

「一年の中で初詣のほかに、お参りするとよい日がありますか？」

そう聞かれたら、私は次のようにお答えしています。

**「それは、年末と誕生日です」**と。

年末と誕生日にお礼のためにお参りする。会社を経営されている方なら、ここに**「創業記念日」**も加えるとよりいいでしょう。

誕生日は、家族や友人からお祝いしてもらうことが多いですよね。それはその人にとって、この世に生を受けた特別な日だからです。

このような特別な日には神様も祝ってくださると思いませんか？　だから誕

生日には産土《うぶすな》神社にお参りをして、神様に感謝を述べ、祝っていただいてください。

神様からのお祝いとは、あなたの天命に関することです。

人は、天命を授けられて、この世に誕生します。

天命には二つの意味があります。

ひとつは、**「天」から与えられた『寿命』**。

もうひとつは、**「天」から命じられた『使命』**です。

だから誕生日は、あなたの人生にとってとても大きな意味があります。

**誕生日は、自分の「天命」と向き合うのに最適な日**なのです。

「自分はこの先、何歳まで生きられるのか?」と思うことはありませんか?

その問いに神様は直接の答えはくださらないでしょう。「何歳まで生きる」とはっきり知ることはできませんが、これだけは言えます。

今生きているこの時間は、二度と帰ってこないかけがえのない時間であるということ。

だから自分がこの世に誕生した日を大事にする。そしてこの先の人生も大事に生きていくのだと、自らに約束する日になるはずです。

天から与えられた寿命を最後まで生ききることを「天寿《てんじゅ》をまっとうする」と言いますが、やはり健康で、できたら生涯現役で過ごしたいですよね。

**誕生日には、今まで生きてきたことに対する感謝と、そして自分がすべきこと、使命に対する問いかけを行いましょう。**

「自分は、何のためにこの世に生まれたのか？」

「自分は、この世で何を成し遂げるべきなのか？」

**誕生日は、一年の中でその答えを最も得やすい日**と言えます。

ですから、誕生日には、早朝のさわやかな時間（仕事の前など）にお参りをして、「神様、今日で○歳になりました。ありがとうございます」とお礼を述べ、「これからもどうぞよろしくお願いいたします」あるいは、「これからの人生をどう過ごしたらいいか、どうか道をお示しください」などとお願いするとよいと思います。

そうすることで改めて、「生まれてきてよかった」「自分は、神様に守られている」と感じられるはずです。

中には、子どもの十五歳の誕生日まで、毎年神社にお参りし、お酒をお供《そな》えして子どもの無事な成長を祈っているお母さんもいます。

誕生日に正式参拝を申し込む場合は、「誕生日の神恩感謝」がいいでしょう。

ちなみに、神恩感謝とは、神様のご加護や恵みなどに感謝する祈願であり、また祈願が叶ったことなどを神様に感謝・報告しお礼をするお参りのことです。

そして**次に、ご自分の親に感謝の気持ちを伝えてください。**

ある社長さんにこのことをお伝えしたところ、その方はお酒を持ってご両親のところに行き、手をついてこう言われたそうです。

「お父さん、お母さん、自分は今日で四十歳になりました。今まで本当にありがとうございました」

そう言ったとたんに、なぜか熱いものがこみ上げてきて、それ以上言葉が続かなかったそうです。そしてしばらくしてから顔を上げてハッと気がついたら、お父さんがメガネを外して涙をぬぐっておられたとか。

こんな日に親子でくみ交わすお酒は格別ですね。

**あなたは、親の命の継承者。**

日頃のビジネスの戦略なども大切ですが、「神様へのお礼と親への感謝」は、ビジネス以前の、人としての土台なのです。

# 厄年《やくどし》でも運気を上げるお作法

## 厄年には、人生の大事な役目を授かる役年の意味もある

厄年《やくどし》は、日本に古くから存在する風習で、一般に「災厄が降りかかりやすい年」といわれます。特に「大厄」については、関心が高いですね。私もよく「大厄の年は、厄祓《やくばら》いをしてもらったほうがいいですか?」と聞かれます。

これはやはり気になるところですね。ぜひ神社でお祓いを受けてください。

ここで厄年について、ひとつ大事なことをお伝えしたいと思います。

**「厄年は、災厄が降りかかりやすい年」だけでなく「人生の大事な役目をもらう役年」だということ。**

ですから神社でお祓いを受ける時は、災厄を祓うためでなく「人生の大事な

役目をいただく前にお祓いを受ける」つもりで受けてください。

特に大厄の時は、人生で大きな役目をいただく年。男性の大厄は四十二歳、女性の大厄は三十三歳です。考えてみると年齢的に、最も気力、経験、判断力などが充実している時です。

その時に、

「人生の大事な役目を授かり、世の中の役に立ちたい」（味方したい）

と前向きに捉える人と、

「災厄が起きたらどうしよう〜」「自分にだけは、起こらないで〜」

と小さくなっている人がいたら、神様はどちらの味方になりたいと思うでしょうか。

**神様は、人生に、そして自分の使命に真摯《しんし》に取り組んでいる人の味方**です。

「災厄が起きたらどうしよう〜」と思っていると、逆に呼び寄せてしまいます。それより神様がともに働き、味方してくださる生き方を選択したほうがよいでしょう。厄年は、役年なのです。

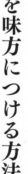

# 産土の神様を味方につける方法

## あなたと神様の世界とのパイプを作る

神様に対して、こんな誤解をしていませんか？
「神様はオールマイティ。だから神様にはどんな願いも出していいのだ」
日本には、「八百万《やおよろず》の神様」というほど、大勢の神様がいらっしゃいます。
知恵の神様、武の神様、食の神様、火や水の神様など。
**神様にお願いするのは、その神様の担当の範囲でのお願いが原則**です。
しかし、唯一、オールマイティなお願いをしても大丈夫な神様がいらっしゃいます。

それが産土《うぶすな》の神様です。

産土の神様は、その土地に住んでいる人の神の世界の窓口としての役割をしていらっしゃるからです。言ってしまえば、あなたの担当窓口となってくださる神様です。

たとえば、役所に行く時、どんな難しい用件であってもまずは窓口に持ち込みますよね。同じように、どんな問題や願いであっても、産土の神様にまずはお願いしていいのです。

**産土の神様を大事にしていると、あなたの運は強くなります。**なぜなら、あなたと神様の世界とのパイプができるからです。

ですから、様々な神社を巡ったりする前に、あなたの産土神社に行ってみてください。

## 産土神社の調べ方

産土《うぶすな》の神様については、古くからその土地に住んでいる近所の人に聞くか、電話などで、県の神社庁に問い合わせると教えてもらえます。

その時には、「産土神社を教えてください」と伝えてみてください。

すると「ご住所は？」と聞かれますので、住所を伝えてください。

ただ、教えていただいた神社に神主さんが常駐していない場合があります。もしその神社に行った時、または境内に入った時に、「ぞくっ」とした感じがする時には、その神社は避けたほうが無難です。なぜなら、神様がいらっしゃらない可能性があるからです。

その場合は、もう一回り大きな範囲を守っておられる神社、たとえば一宮《いちのみや》（その地域で最も社格の高いとされる神社のこと）などにお参りしてください。

神主さんが常駐していなくても、地元の人が交代で神社のお掃除などをしている神社は大丈夫です。神様は、清らかで明るい場所を好まれるからです。

# 神様への祈願は、言葉に出さないと通じない

## 心の中で願うだけでは、願いは叶わない

第１章で、「神様にお願いする時、心の中でだけ願うのではなく、言葉にして口に出すとよい」とお伝えしました。

その理由をもう少し詳しくご説明していきます。

神様は、私たちの心の中まですべてお見通し。だからあなたが心の中で、思ったことも、すべて神様には丸見えです。「ならそれでいいじゃないですか」ですね。でも、それではもったいない。

ではなぜ、もったいないのでしょうか？

なぜなら、**「人が心の中だけで思ったことに対して、神様が動いてくれることはほとんどない」**からです。

なぜかというと、それが**神様の世界の決まり**だからです。

人がはっきりと言葉に出して、はじめて神は動いてよい。正確には、「その人の思いと言葉が一致して、それが神の意に叶ったことについて、はじめて神は動いてよい」という神様の世界の決まりがあるのです。

## 心は、コロコロとつねに揺れ動く

なぜかというと、人の心は、つねに揺れ動きますね。

「コロコロ」と変わるから「心」と呼ばれるようになった、といわれています。そのコロコロ変わる人の心に、神様がいちいち応じていたら、大変なことになります。

人は、心正しく生きたいと思いながら、人を妬んだり、憎んだり、時にはとんでもなくよからぬ思いがよぎることもあります。時には、怒りや憎しみのあまり、言葉に出さなくても心の中で相手を責めたり、口汚くののしったりしてしまうことだってあるでしょう。

それがその通りになってしまったら、どうでしょうか？

たとえば夫婦げんかなどで、「もう、二度とおまえの顔など見たくない！」「あんたなんか死んでしまえ！」と思った瞬間、相手が心臓マヒなどを起こしたら？

もしそれが現実化してしまったら、元は自分にあっても神を恨みませんか？

人の心の中にわき出るその瞬間瞬間のよからぬ思いが現実化したら、ほとんどの人が最も大切なものを失ってしまいます。

なぜなら、人生で一番濃い関係を持っているのは家族だからです。一番長い時間をともに過ごすのですから、摩擦も一番多い。そういう意味でも、神様の世界の、「人が心で思っただけでは、動いてはならない」という決まりは、ありがたいのです。

日頃の感謝を伝える時には、心の中で述べるのでもいいかもしれません。でも本当は小さな声であっても、言葉に出して言うほうがいいのです。

そして、「本当に叶えたい願いの時は、心を定めてはっきりと言葉に出して言う」ことです。

ためらいがちにボソボソと言葉にしても、神様には届きにくいのです。

でも慣れないと「神様に言葉に出して言う」のは、とても恥ずかしいですね。

だから大事な時は、正式参拝で神主さんにお願いしたほうがよいでしょう。

神主さんは、祈願の内容を聞いて、それを祝詞の中で言葉に出してはっきりと神様につないでくださいます。儀式の中で「祝詞《のりと》奏上《そうじょう》」と言われた時が、そのお願いをつないでいただく時です。

そのつもりで頭を下げていてください。

# 願いが叶った時に、お礼ができる人になりましょう

## 願いが叶う黄金のサイクル

あなたは、神様にお願いをして、その願いが叶った時、どうされますか？

たとえば「合格祈願」。合格したあとに、お礼のお参りをしていますか？

恥ずかしながら、私は高校受験の時、受験前は合格のお守りに「合格できますように！」と必死でお願いしておきながら、受かった時にお礼のお参りに行っていませんでした。

「別にそんなこと……。受かったあとはいいじゃない？」と思う人もいるで

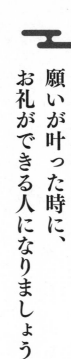

しょう。

ですが「やはりあの時、合格のお礼に行っておけばよかった」と思うことがあります。

私の高校生活は、残念ながらかなり憂鬱《ゆううつ》なものでした。入学半年で、母の病気が発覚し、大きな手術をしたために、その先の大学進学を断念しました。

受験校でしたので、友だちが進学のために日々頑張っている姿をそばで見て、その熱量についていけませんでした。そのためか自分の進む道を見失い、何に向かって生きていけばいいのかわからなくなってしまったのです。

受験のためと思えばよかったのですが、「この勉強が自分の人生にどんな意味を持つの？」などと生意気なことを考え始めたせいで、まったく頭に入ってこなくなってしまったのです。

授業は砂を噛むような本当にむなしい日々でした。母からも、「あの高校の三年間、当時のお前は、半分死んでいたものね」なんて言われました。本当は青春まっただ中だったにもかかわらず、です。

神様へのお礼参りを忘れたことだけが原因ではないかもしれませんが、もしもあの時に合格のお礼に行っていたら、進路が変わったとしても、自分なりに生き甲斐を見つけられたのではないかという気がします。

これは、この本を書いていて思い出したことです。それがなかったら今でも「何で私の高校生活は、あんなにむなしい毎日だったのだろう」としか思えなかったでしょう。

**「目の前の願いが叶えばそれで終わり、と思ったら大間違い」**

これは中学卒業の時の自分に言ってあげたい言葉です。

人は、ひとつの願いが叶ったら、必ず次の願いが出てくるものです。

ですから、「願いが叶う黄金のサイクル」を覚えておいてください。それは次の通り。

**「お願い（祈願）」→「成就」→「お礼」→「次のお願い」→「成就」……**

このようなサイクルを作っていくことが、人生をより豊かにしていく秘訣です。

## 願いが叶ったあとは、すぐにお礼と次のお願いをする

### ・合格祈願のお礼の時には

これは受験や、宅建、弁護士などの資格試験の祈願の時も同じことです。

合格した時には、お礼のお参りをしましょう。その際は、「おかげさまで合格できました」とお礼を言って、その次に「この資格で、どうかいい仕事ができますように」などとお願いをするといいでしょう。

それをしておくと資格が活き、「資格は取ったけれど、仕事につながらない」ということが少なくなるはずです。

### ・安産祈願、無事赤ちゃんが産まれたら

「赤ちゃんが無事に産まれますように！」と安産祈願をしたら、赤ちゃん誕生のあと、なるべく早く（可能なら即日、できたら三日以内くらい）にお礼に行くとよいです。

この時には、お産直後のお母さんは無理なので、お父さんかご家族の方がお礼のお参りをしてください。お産で頑張ったお母さんをねぎらう意味でも。

誕生日の一カ月目に初宮参《はつみやまい》りに行くと思いますが、その前に、「おかげさまで赤ちゃんが無事産まれました。ありがとうございます」とお礼に行き、そのあとで「産後の肥立《ひだ》ちがよくなりますように」「赤ちゃんが元気に育ちますようにに」とお願いしたいですね。

この時は、安全祈願をした水天宮か地元の産土《うぶすな》神社へのお参りがよいでしょう。

「安産祈願」の次は、「母体の回復」と「赤ちゃんの安全と元気な成長」をお願いするといいでしょう。

神様にお願いしたら、必ずお礼に行く。それをすると次のお願いも神様は喜んで聞き届けてくれるはずです。

感謝の気持ちは、神様に味方していただけるための一番の土台なのです。

# 感謝を習慣にしている人に起きる奇跡

## 神様が支えてくれる本当の力

人生では、叫び出したくなるほど悲しい出来事が起こることがあります。

自分に耐えられる限界を超えた時に、人を恨んだり、神様を恨んだりしないと自分の心を保てない。そんな状態に置かれることもあります。

ですがそんな辛い時に、今まで気づかなかった不思議な力に出会うこともあります。

東日本大震災を体験された方のお話で、とても心にしみた話があります。

「家も会社も何もかもを津波で流されて、なぜ自分は生きているのだろうか。

この世には、神も仏もあるものかと思いました。ひとりで夜に外に出てみたら、満天の星が夜空に輝いていた。悲しみの極みの時だったけれど、あんなに美しい星空を見たのは初めてだった」

私も似たような体験をしたことがあります。主人が倒れた時のことです。今思い出しても、「よくぞあの時、気が狂わなかった」と思います。そんな気も狂いそうに悲しい時、ある晩、車から降りて家に入るまでのわずかな時間に、何気なく夜空を見上げました。そこで見た星空が、あまりにも美しくて涙が出ました。

「夜、こんなに星がきれいなんて今まで気がつかなかった。今、こんなに辛いけれど、空にはこうして上から瞬《またた》き、見守ってくれている大きな力がある」

神様が私を見守ってくれている。

それを感じた時に、どれだけ力づけられたでしょうか。私はひとりで戦っているではないのだと。あの時は、車ごと谷底に落ちた心境でした。そこからアクセルを全開にして前に進むことができたのは、こうした目に見えない力と、駆けつけてきてくれた方たちの温かい力添えのおかげでした。

今でも、その時の星の瞬きから、傷ついた心を癒《いや》す不思議な力をもらったと思っています。人は自分ひとりで辛い思いをこらえているように思います。私もそうでした。

ですが、あの時くらい神様の存在を身近に感じたことはなかったと断言できます。

そして、それまで二十年かかってもできなかったことを、そこからわずか一週間で自分のものにすることができたのでした。

もしこれを読んでいるあなたが、その時の私と同じように、死ぬほど辛い思いをしていたとしても必ず乗り越えられます。人に責任を押しつけずに、自分が果たすべき使命に向けて全力を尽くそうと進む時には、必ず神様は後押し

（味方）をしてくれます。

この本を読んでいるあなたはきっと運の強い人だと思います。

だから今、神様が味方したくなる秘訣を知っていただくことで、次々にいろいろなことを乗り越えていけるはずです。心からあなたの人生を応援していま す。

# 第4章

# 家の中を神様空間にする

# 家や会社に神様をお迎えするお作法

## 神棚をお祀《まつ》りする時に大切なこと

最近は神棚のない家が多くなりました。ですが神社のお参りだけでなく、神棚をお祀《まつ》りしてみませんか。

これはあなたが神様に味方していただける人になるための大事なことです。なぜなら**神棚を祀るのは「家（会社）に、神様をお迎えすること」**だからです。

神棚に日々手を合わせる習慣は、一日の始まりを引き締めるだけでなく、あなたの心を穏やかにします。

もしご家族がいたら、神棚に手を合わせるその後ろ姿を見せることが、何よりの家庭教育になるでしょう。

神棚をお祀りするためには、神具屋さんから神棚（棚板・御宮《おみや》）やしめ縄、神具などを求め、そこに神社からいただいてきた御札《おふだ》を納めます。より丁寧にするならば、神主さんに遷座祭《せんざさい》（神様をそこにお迎えする儀式）をしていただきます。

お供《そな》えの品は、お米、お塩、水、日本酒、そしてお榊《さかき》です。

これらはすべて神様をお迎えするための準備。そのあとの日々のお供えは、神様に続けて神棚にいていただくための敬意とまごころを形と行動に表わしたものです。だからこの心が添えられていることが一番大切になります。

**神棚を求める時に大切なのは、あなたの家や会社の規模に合った大きさ・グレードにすること。**たとえば、豪邸に住んでいるのに、ホームセンターで買ってきた一番小さく安い品では釣り合いが取れませんよね。

反対に狭い部屋に、大きな神棚でも釣り合いが取れない。もし家が狭いと思われる時には、一番小さな神棚から始めていいのです。

小さくても神棚（棚板・御宮《おみや》）は必要です。神社から御札《おふだ》をいただいてきて、本棚やタンスの上にポンと置く。これでは神様をお迎えする心があるとは言いにくいからです。埃も早くたまりますね。

神棚には**「出世替え」**という考えをとられるとよいのです。ビジネスがうまくいく都度、よりいい神棚に取り替えていくのです。

実際それで大成功した社長さんもいらっしゃいます。その方の場合は、六畳一間の住居兼会社と軽トラ一台から始めて、ワンフロアすべて借りる↓ビル一棟借りる↓自社ビルを持つ↓現在数社の会社を経営し数棟のビルを所有。

もちろん、出世に限らず、家を建て替えたり、引っ越したりするときに神棚を替えることを検討するといいでしょう。

## 神棚はどの場所に作ればいい？

神棚の場所を決める時には、確かに方位や理想とする場所、良くない場所がありますです。ですが、最初から神棚を設置しようと思って建てた家でない限り、そのすべてを満たすことははっきり言ってほぼ不可能です。

だから「わが家で神様をお迎えするとしたら、どこがいいだろうか？」という気持ちで家の中を見渡すことが大事なのです。あなたも神棚の場所を決める時は、ぜひ同様にやってみてください。

お供《そな》え物を取り替えるタイミングですが、私は、水器《すいき》の水とお榊《さかき》の水は、毎日、お米、塩、お酒は、一日と十五日に取り替えるようにしています（すでに毎日お供えを取り替えているという方は、どうぞそのまま続けてください）。

もし神棚の祀《まつ》り方で、もっと学びたいという方は、ホームページ内でもご紹介しています（おわりに、またはプロフィールをご覧ください）。

# 神社でもらう御札《おふだ》のお作法

## 新しい御札は、新しい風呂敷で持ち帰る

神社で御札《おふだ》を求める時のお作法もあります。

神社で新しい御札を求める時には、新しい風呂敷などを持参して、その中に包んで持ち帰るようにしてください。私は、神様専用に紫の風呂敷を用意しています。

神社の方が手提げの紙袋などに入れてくれたら、風呂敷は使わなくても大丈夫です。

遠い神社で御札を受け取る時には、持ち帰るまでに時間がかかってしまいま

すよね。

そんな時のポイントをご紹介します。

私は、毎年伊勢神宮に皆さんをご案内していますが、よく「せっかくなのでお伊勢さんから御札を受けていきたい」と言われます。その時に気をつけるのは、道中で御札の入ったバッグを床などに置かないことや、トイレには持ち込まないようにすることです。誰か同行者がいると助かりますね。

ある時、遠方からの御札をお受けしてきた時に、途中に二泊の宿泊が入ったことがありました。その時は、宿泊先の床の間や、貴重品ボックスに新しいタオルを敷いて、その上に御札を置くようにしていました。

神様の御札なので、かなり気を使いました。

正直、貴重品ボックスは閉め切りますので、「神様は息苦しくないだろうか？」などと気になりました。

だから神様の御札は、なるべくその日のうちに持ち帰ったほうがいいと思います。

# 古い御札やお守りに対するお作法

## 「捨てるに捨てられない」御札やお守りはどうすればいい？

あなたの家の中に、何年も前の御札《おふだ》はありませんか？

家の中を探すと、御札やお守りなどをはじめ、神社の品がどっさり出てくる家があります。それも引き出しの奥などで埃をかぶったままで。私が今までに見た最高記録は、机や仏壇の引き出し、押し入れ、天井裏から二百枚以上もお持ちの方でした。

「どうしてこんなにあるのですか？」とおたずねしたら、この方のお姉さんが旅行に行くたびに、行く先々の神社の御札をお土産に買ってきてくれていたのだとか。でもどう処分したらよいのかがわからなくて、家に積んでおいたそうです。

「神様や神社のことで、何か質問はありますか？」とおたずねした時、圧倒的に多い質問のひとつがこれです。

「古い御札やお守りは、どうしたらいいですか？」

処分する方法をどこに聞いたらいいかわからない。捨てるにも捨てられない、お困りごとのひとつですね。

かつての私もそうでした。旅行などで、ついお守りを買ってくる。なかなか行けないからこそ買ってくるのですが、今度は遠い旅先まで返しに行けないのです。だから机の引き出しにしまったまま何年もたっていました。

高校の修学旅行で行った出雲大社。そこで恥ずかしさをこらえて「縁結びのお守り」を買ってきました。一年は身につけていましたが、そのあとどうしていいかわかりません。

「一年たったお守りを身につけていると良くないと言われたし……どうしよ

う」
お守りをお返ししたくても、遠くて行くことができません。当時は、神社に「古い御札《おふだ》やお守りを受けてくれるところ」があることも知りませんでした。近くの神社でお返しできるなんて思いもしないし、社務所《しゃむしょ》にいって巫女《みこ》さんに「すみません。別の神社のですがいいでしょうか?」などと聞く勇気もありません。だから引き出しにしまいっぱなしでした。

御札、お守りなどを、古くなって埃だらけにしておいておくのは、運気が下がる元です。

なぜならば、前章でもお伝えしたとおり、神様は「清らかで、明るい場所」に宿られるからです。残念ながら埃をかぶった段階で、神様はそこから去ってしまうと思ってください。

神様から、「御札やお守りを埃だらけにするような人には関わりたくない(味方したくない)」と思われたら困りますよね。

## お返しする時には、どうしたらいいか？

神社には、古札を受け付けてくれる古神札納め所《ふるふだおさめじょ》があります。古い御札やお守りは、半紙に包むか白封筒に入れるなどして丁寧にお返ししてください。感謝とお詫びの気持ちを添えて。

毎年お返ししている人は、「ありがとうございました」と言って、設置されているお賽銭箱《さいせん》に五百円から千円くらいを入れます。

もし二年以上返しそびれた人は、

「今まで忘れていて失礼いたしました。ありがとうございました」

と言って、御札をお返ししてください。その時にお賽銭箱に入れる金額は、毎年しているよりも少し多めにして感謝とお詫びの気持ちを示しましょう。

神社の「古神札納め所」は年末だけのところと、一年中設置しているところがあります。神社によって違いますので、直接ご確認してください。

神主さんにお聞きしたところ、別の神社のお守りでも出して大丈夫ですとのこと。

そうして返納されたお守りや御札《おふだ》は、神主さんがお祓《はら》いをしてから、お焚《た》き上げをしてくれます。ただし、燃やせないプラスチックや陶器のものなどは入れられません。

また、「ぬいぐるみなどもご遠慮ください」と書かれています。古い御札や、お守りを受けつけてくれるならと、同じように捨てにくい品、思い出のぬいぐるみなども一緒に出す人がいるそうです。ですが神社にお願いするのはあくまで神様のものについてです。

処分に困っているものをついでに入れるのは、神様にとても失礼な行為に当たりますので、絶対にやめてください。

神様の場所を不要品処分、ゴミ箱扱いしたのですから、それは神様にしっかりと見られます。当然、味方してもらえませんから、どうぞご用心を。

# お金を活かすお財布の小さな儀式

## お金の巡りを良くするプチ儀式

一日の終わりにお財布にするプチ儀式のご紹介です。これからご紹介することを続けると、今日使ったお金の流れもわかるし、知らず知らずのうちにお金と仲良くなれます。

まずは、いったんお財布から、すべてのお金と領収書などを出します。そしてお財布を柔らかい布などで軽く拭きます。お財布の中に、領収書などがパンパンに入っているお財布、これは金運の面から見ても良くないそうですね。

そして、領収書を見ながら、今日一日を振り返ります。すると「お金との対話」ができるのです。というよりも自然にお礼を言っている自分がいます。

「これがあるからレストランで美味しいお食事ができたのだな。小田原から東京まで移動できたのだな」など。領収書と入れ替わりに出ていったお金がありますが、自然に「ありがとう」という言葉が口をつきます。

そしてここからは、私流のお金の戻し方。一万円札、五千円札、千円札を大きいほうから手前に入れていきます。硬貨は、五百円二枚、百円五枚、五十円二枚、十円五枚、五円二枚、一円五枚、私自身の無意識の習慣に従って入れています。

このあとに、「ありがとうございました」とお財布に言って、いったん、神棚の下にお供《そな》えしてから定位置に戻します。これが私のお財布プチ儀式です。

今までは「あっ、お金を足すのを忘れていた。足りない！」などと青くなることもあったのですが、それもなくなりました。

一日一回お財布にお礼を言うのもいいものです。

# 神様とともに食事をする「直会《なおらい》」のお作法

## 神様の恵みに向き合おう

お祭りの時などに神社で、神様と一緒にお食事をする直会《なおらい》という機会があります。

日本には、共働《きょうどう》共食《きょうしょく》といって、神様とともに働き、神様とともに食事をするという伝統がありました。

私たちは普段の食事の前に「いただきます」、食事のあとに「ごちそうさま」を言っていますね。それに加えるとよい言葉をご紹介します。

私も皆さんを伊勢の参拝研修にご案内した時には、食事前後に皆さんと次の言葉を言います。とても厳《おごそ》かな気持ちになります。

食事の前に、

「たなつもの、百《もも》の木草《きぐさ》も天照《あまてらす》、日《ひ》の大神《おおかみ》の　恵み得てこそ　いただきます」

食事のあとに、

「朝宵《あさよい》に　物食《ものく》うごとに　豊受《とようけ》の　神の恵みを　思え世の人　ごちそうさま

でした」

これは、本居宣長《もとおりのりなが》の歌です。

この歌の「天照《あまてらす》」は、伊勢神宮内宮《ないくう》にお祀《まつ》りされている天照大御神様《あまてらすおおみかみさま》。「豊《とよ》受《うけ》の」は、伊勢神宮外宮《げくう》にお祀りされている豊受神様《とようけのかみさま》です。豊受神様は、天照大御神様にお食事をご用意される神様です。

食物を前に、神様の恵みをいただくことに感謝をして「いただきます」を。朝夕の日々の食事のたびに「神の恵みに感謝して」食べ、「ごちそうさま」を。

「食」は「人」を「良」くすると書くように、「神の恵み」が入ると、身体の栄養だけでなく、心や魂の栄養にもなると考えられるものなのです。

# 福を呼ぶ玄関の整え方

## 盛り塩と四季の花を置いてみよう

料亭などで、玄関のところに盛り塩を見たことがあるでしょうか。家の玄関などで目にした人もいるかもしれません。これは悪いものが、家の中に入らないようにする風習です。

でも料亭などは、客商売ですから人が来なくなっては困ります。千客万来となって欲しいですよね。だから、盛り塩を置く時の思いが大事になります。「悪い客が来ませんように」という否定形ではなく、「この盛り塩で、どうぞ皆さんきれいになって入って来てください」という思いで塩を置く。そうすると酔っ払いに絡まれたり、客同士のケンカなどがぐっと少なくなるでしょう。

神様は、玄関から入ってくると言われます。

ですから玄関は、きれいに掃除をしておき、神様に気持ちよく入って来ていただける場を作りましょう。日本は、四季の神様を迎える「神迎え《かみむか》」の神事《しんじ》がありました。といっても難しい神ごとではなく、立春、立夏、立秋、立冬に季節の花を飾ることのご提案です。

「春の神様、ありがとうございました。夏の神様、どうぞよろしくお願いいたします」

と言葉を添えて。これをすると心が豊かになるだけでなく、季節の先取りができます。

季節の神様に、ぜひ味方していただきましょう。

# 第5章

# 神社で神様の前に立つお作法

# 神社参拝の仕方

## 日本人でも意外と知らない作法の基本

神社にお参りする時の基本的な作法とその意味をお話しします。

「神の国」といわれる日本ですが、神社参拝の正しい方法を知らない人は意外に多いです。

「手水舎《てみずしゃ》でひしゃくを使う時の作法は？」

「鳥居《とりい》のくぐり方は？」

「正式参拝の時に渡される榊《さかき》はどうやって回したらいいですか？」

「神社に行ったら、何を拝めばいいのですか？」

など、年代を問わず多くの方々から、このような質問を受けます。

お墓参りや神棚の祀《まつ》り方と同様、「日本人ならば当然知っているもの」とみなされるために、教えられることなく、わからないままになっていることが多いのではないでしょうか。華道や茶道といったもののように、学ぶ場所があって先生がいるわけではありません。

一緒に神社を訪れた知人に、「参道の中央は神様の通り道だから、歩いてはいけないのですよ」とお伝えして、びっくりされたこともあります。

## 鳥居《とりい》と参道の歩き方

神社の入り口には鳥居があります。鳥居の奥は神域《しんいき》なので、鳥居の手前で一礼をして、「これから神域に入る」という気持ちで通ります。

大きな神社にはいくつも鳥居があります。一の鳥居、二の鳥居、三の鳥居と進むほどに神域が深まり、そのお社の神様に近づきます。

鳥《とり》居《い》ごとに一礼をしてくぐり、帰りも同じく鳥居ごとに振り返ってお社のほうを向き、神様に一礼をして参道を戻ります。

鳥居をくぐったら、その先は神様のご神域《しんいき》です。ですから、そこで話したことは高天原《たかまがはら》の神様の世界に筒抜けになってしまうと思ってください。大声での私語などをしていると、神様の前に立った時に顔を背けられてしまいます。それではせっかくお参りした意味がなくなってしまいます。

しっかりと、**「神様のところに伺うのだ」と意識して一歩ずつ踏みしめることで、参道は「神様に通ずる道」となります。**雑談や私語は慎み、心静かに進みましょう。

また、**参道の中央は神様がお通りになる道。ですから、真ん中を開けておくというのが参拝の礼儀作法**です。

ただし、お正月や祭りの時は、中央を開けて通る必要はありません。神様は朝からそのお社にお越しになっているからです。

この時期は、参拝の人も多いので、どんなに「真ん中を通らない！」と思っても人混みで押しやられてしまうかもしれません。ご安心ください。お正月、お祭りの時は、大丈夫ですので。

## 手水舎《てみずしゃ》の使い方

神社に入ると、参道の入り口か途中に手水舎《てみずしゃ》があります。そこで手と口を清めて神様の前に立ちます。

神社によっては山のわき水などが引かれているところもあり、とても清々しい気持ちになります。ただ、手水舎の水がよどんでいる時には使わないでおきましょう。

きれいな水で清めてこその手水舎です。そういう場合は、神様に対し「手を洗えずに失礼します」という気持ちで先に進んでください。

手水舎では、まずひしゃくを右手に持って水を汲み、左手にかけて洗います。次にひしゃくを左手に持ち替えて右手を洗い、再び右手に持ち替えて、左手で水を受けて口を清めます。

ひしゃくは直接口につけてはなりません。ひしゃくで口を清めようとしたら、前の人の口紅がべっとり……なんてことがあったら気持ちが悪いですから。

口を清めたら、もう一度左手を洗います。そして、使ったひしゃくはなるべくきちんと元に戻します。


このあとさらにひしゃくを立てて水を流し、柄をきれいにすることとされていますが、きれいな布で水気を拭き取るならともかく、ただ濡らすだけでしたら省略してもよいでしょう。

実際、神主さんにお聞きしたところ「省略して大丈夫です。竹で作ったひしゃくは、皆さんがそれをされると一日中濡れていることになるので、カビが生えやすいのです」とご返事をいただきました。

ただ神社によっては、「最後にひしゃくの柄に水を流しましょう」と書かれているところもあります。どちらも「次に使う人が気持ちよく使えるように」という思いやりの心から発した作法です。その心をくむことが大切ですね。

ここからは、「あなたが神様の前に立つのに、より大事な心の添え方」をお教えします。私が参拝研修でお伝えしていることです。

**「手を洗う時は身体全体を、口をすすぐ時には心や魂を清める」**

この気持ちで、手と口をすすいでください。

私たちはいろいろな問題やストレスにさらされて生活しています。ストレスを引きずったまま神様の前に立つのは失礼。というよりも、もったいないです。心静かに神様の前に立ちたいですね。

私は、遠方の神社にお参りする時には、参拝用のハンカチを別に用意していきます。途中トイレなどで手を拭いたハンカチを手水舎《てみずしゃ》で使うことに抵抗があるからです。ちょっとした気配りですが、神様の前に立つ時の心遣いとして大切にしています。

# お賽銭《さいせん》と鈴祓《すずはら》いのお作法

## お賽銭の金額には自分の思いを託す

神道ではお賽銭《さいせん》は神様への供《そな》えもののひとつとして解され、神社参拝や神輿《みこし》が出ていく渡御《とぎょ》の際も献じます。

皆さんも小銭や紙幣を賽銭箱に投じて、一年間の無病息災《むびょうそくさい》や交通安全、合格や安産などの祈願をしているのではないでしょうか。

しかし、本来のお賽銭は神様にお願いごとをするためのものではありません。**お賽銭は自分の迷いや穢《けが》れを祓《はら》ってもらうためのお供え**なのです。

したがって、お賽銭は自分の心の迷いや怒りを吹っ切るつもりで入れてください。

「明鏡《めいきょう》止水《しすい》」の心境で神様の前に立つのです。

金額には自分の思いを託します。

「ご縁がありますように」と五円玉、「手を合わせる」という意味で十円玉というようにです。「十」の大字は「拾」なので、手を合わせるという意味があるのです。今の貨幣価値ではそれぞれ五十円、百円のほうが妥当でしょうか。

私の場合は、伊勢神宮を始め全国各地の神社を参拝しますが、同じ神社は年に一回から数回しか行けませんので、五百円ずつ入れています。

「もっと伺いたいのですが、なかなかそれが叶いません。できればこの一回で十回来たことにさせてください」という気持ちを込めています。

## 鈴祓い

多くの神社には、お賽銭箱の真上あたりに大きな鈴が設置されています。その鈴に添えて麻縄や布などを垂らしてあり、お参りする人はそれを振り動かして鈴を鳴らします。

その鈴にはどんな意味があって、どんな気持ちで鳴らしたらいいでしょうか。

こうお聞きすると、子どもの頃のことを思い出しませんか。

「神様、来ました！」と一生懸命に鳴らしていたことを。

鈴を鳴らすのは、お参りする方の気持ちを整え、神様の前に立つための祓《はら》い清めの意味があります。ですから両手でしっかりと縄を持ち、三回振ってください。

勢いが強くて余計に鳴ってしまうことがありますが、気にしなくて大丈夫です。

これを「鈴祓《すずはら》い」と言います。

「手水舎《てみずしゃ》、お賽銭《さいせん》、鈴祓い。随分と穢《けが》れや迷いを祓うのだな」

と思われるかもしれません。でも、神様の前に立つのですから、そのくらい清めてもまだ十分でないくらいです。

「お賽銭と鈴祓いは、どちらが先にしたほうがよいですか？」

私は、お賽銭を入れてから、鈴を鳴らします。神社によっては、鈴が手前にあり、その先にお賽銭箱があるところもあります。その場合は先に鈴祓いをしてからお賽銭をします。

## 柏手《かしわで》を打つ

お賽銭を入れ、鈴祓いをしたら、皆さんご存じの通り「二拝二拍手一拝」です。

二回お辞儀をし、二回柏手《かしわで》を打ち、もう一回お辞儀をするという意味です。

柏手の音が神様に届くように、〝パーン、パーン〟と気合いを込めて打ちます。短く軽く〝パンパン〟と打ったり、また遠慮気味に打ったりして〝ペチペチ〟とした音になると、神様まで思いが届きません。

本当に気合いを込めて打った柏手《かしわで》は、金属的な〝キーン〟という音が混じり、それ自体がお祓《はら》いになるといわれます。

神様に届いてこその挨拶であり、お願いごとです。

ぜひ真剣に柏手を打ちましょう。

## 神社のお参りには、一般参拝と正式参拝がある

神社のお参りには、大きく二つあります。

それは一般参拝と正式参拝です。

一般参拝は、私たちが普段しているお参りのことを指します。お賽銭箱《さいせんばこ》にお賽銭を入れたあとに、柏手を打って、手を合わせるお参りですね。

一方、正式参拝は、神社の受付窓口に申し込み、神主さんに正式に儀式として行っていただくお参りのことです。儀式の中では、神主さんが太鼓を叩いて神様をお呼びし、あなたの願いを神様につないでくださいます。

ですから**大事なお願いの時は、正式参拝**をされるとよいでしょう。

正式参拝は、昇殿参拝、ご祈祷《きとう》、お祓いなどとも言われます。

厳密には、それぞれに意味がありますが、神社によって呼び方も異なるので、この本では一般参拝に対しての正式参拝としてお話ししています。

式典の流れは、神社によって少しずつ異なりますので、神主さんの指示に従ってください。

正式参拝を申し込む時は、神社の窓口の方に「正式参拝をお願いしたいのですが」と声をかけてください。そして渡された申込用紙に祈願内容を書き、金額を添えて申し込みます。

この場合も、神社によってお初穂料《はつほりょう》、お玉串料《たまぐしりょう》、ご祈祷料と書かれ方は違いますが、すべて正式参拝で神様に捧げる金額と思っていただいて大丈夫です。

正式参拝は、安産祈願や初宮参り《はつみやまいり》、七五三、厄祓い、神恩感謝、家内安全、病気平癒、身体健全、良縁祈願など。

会社であれば、会社設立、事業繁栄、商売繁盛、創業記念日の感謝など、大きな仕事に取り組む前に正式参拝をする方もいらっしゃいます。

学生さんであれば、学業成就、合格祈願や、スポーツの大会前の祈願もよくお見かけします。

勝負は「時の運」ともいわれ、実力が伯仲《はくちゅう》する者同士の対戦は「勝負の神様」の采配次第。

オリンピックなどでも、ちょっとしたミスが勝敗を分けることがありますね。日頃の努力が大きく花開くように、祈願して勝負に臨んではいかがでしょうか。

優勝という大きな目標でなくても、「ケガなく、実力を十分に発揮できますように」というお願いでもいいではないですか。

ただし祈願したら、お礼や報告をするため必ず後日参拝しましょう。

# 神様が味方する「絵馬《えま》」の書き方

## 絵馬ひとつにもコツがある

絵馬《えま》のもとは、生きた馬（神馬）を神様に奉納するという古代の風習にあります。

高価な馬を奉納することが難しくなったので、絵馬を奉納するようになりました。

絵馬には、合格祈願、健康、恋愛成就、安産祈願、商売繁盛、家内安全などたくさんのお願いが書かれています。実際、神社に行くと、たくさんの絵馬が下がっていますよね。

「○○さんと幸せになりますように」

「早く結婚ができますように」

「○○大学に合格しますように」

「宅建の試験に合格できますように」

かかっている絵馬を見ると、縦書きと横書きの両方があります。

これはどちらがいいのでしょうか。


どちらという決まりはないようですが、なるべくならば縦書きがおすすめです。なぜなら祝詞《のりと》など神様に捧げる言葉は、すべて縦書きだからです。もちろん外国の方が書く場合は、横文字でかまいません。


そしてその願いごとは、絵が書かれていない裏側に書きます。

絵馬は屋外にぶら下げるので、雨に当たっても消えない油性のペンで書いてください。水性のペンだと雨で文字が流れ、消えてしまう可能性があります。

願いごとが叶う前に書いた願いが流れてしまったら困りますね。

コツは、ひとつの絵馬にひとつの願いごとを書くことです。「願いを複数書いてもよい」と言う方もいらっしゃいます。確かに神様は同時にいくつもの願いごとを出されても大丈夫です。ただ問題は、願い出る私たちのほう。願いがいくつもあると的を絞りにくくなります。弓矢を放つ時、的がいくつもあったらどこを狙ってよいかわからず、結局的を外してしまいますよね。それに似ています。

ですから、なるべく一枚の絵馬につき、願いはひとつをおすすめします。

## 住所や名前、生年月日などは、どこまで書くか？

絵馬には願いだけでなく、住所や生年月日などを書いている人もいます。これはどこまで書くのがいいのでしょうか。

神社の正式な祈願の申込書であれば、きちんと全部書く必要がありますが、今は個人情報などがうるさい時代。絵馬は外にぶら下げておくものなので、それを見て、誰か悪用する人がいないとは限りません。

住所は最後まで書かずに、「東京都○○区　山田太郎」というような書き方が無難です。これで十分神様に届きます。

## 絵馬は「お願い」がいいか、「宣言」がいいか？

神様へのお願いですので「○○になりますように」というお願いの形がいいか、「○○の試験に合格する！」「健康な子が生まれる！」といった宣言の形がいいかは迷うところかと思います。どちらがよいといった決まりはありません。どちらでも大丈夫です。

ただ私がもし絵馬を書く時には、神様への願いの気持ちを込めて、「○○になりますように」と書きます。自分で自分に活を入れる時は「こうなる！」「こうする！」と宣言しますが、神様に対しては、やはり「お願いします」になってしまうと思うからです。

いずれにしても、神域《しんいき》に自分の願いを書いた絵馬を昼夜おいていただけるってすごいことですね。だから書く文字は、丁寧に。なぐり書きでは、味方していただけないかもしれません。

## 神様に願いが届きやすくなる言霊の使い方

絵馬を書く時に、コツをいくつかご紹介します。

まずひとつ目は、受験、資格試験など、日にちがわかっている場合は、その日付を入れておくことです。

たとえば、受験であれば、次のように書きます。

「○○大学に合格しますように！　試験日○月○日」

こうすることで、神様に伝わりやすくなります。

もうひとつのコツは、**「書くことは感謝と願いごとのみにする」**ことです。

つまり、「○○をしますので、叶えてください」といった条件は書かないほうが無難です。

なぜなら神様に対して「それを自分がしなかった時には、叶わなくていい」と同じ意味になってしまうからです。

たとえば、「一日も欠かさず、勉強に励みますので、合格しますように」などという条件を加えたら、風邪で熱を出した時に大変ですね。

意気込みとしては素晴らしいことですが、それは自分の心意気にとどめておいてください。神様も、自分で書いた「～しますので」の条件を破った人には、味方してあげられないからです。


ただここまで書いておいて何ですが、私自身は絵馬を書くことはほとんどありません。なぜなら、大事なお願いをする時には、正式参拝をして神主さんにきちんと神様につないでもらうからです。

「とはいえ、正式参拝はちょっとハードルが高い」と感じる時は、絵馬に託して、願いを出すのもひとつの方法です。気後《きおく》れせず、ご活用くださいね。

# 神社にお酒を奉納する時のお作法

## 神様に安酒を出していませんか？

神社にお酒を奉納するときのお作法です。機会は多くないかもしれませんが、お祭りの時の奉納酒や正式参拝の時にお初穂料《はつほりょう》に添えてお供《そな》えされたらよいと思います。どちらも神社の窓口に、「お供えをお願いいたします」と言って渡せば、神前に供えていただけます。

神様にお供えしたお酒は、味がとてもまろやかになります。神様は、そこに供えた人のまごころや、その品物に託された思いを受け取り、何倍にもして、恵みを入れてくれるのだと思います。

こうして神前に奉納された日本酒は、「お神酒《みき》」と呼ばれるものになります。

神様にお酒をお供《そな》えする方は、不思議と運が強い方が多いように思います。これは事前に酒屋さんやデパートなどに立ち寄って、お酒を求め、神社まで持参する心がないとできないからです。ですから神様はその心を愛でてくださるのではないでしょうか。

中には「どうせ神様が飲むわけじゃないし」などと一番安いお酒をお供えする方もいらっしゃるようですが、それではもったいないです。

## 奉納するお酒の選び方

ではどんなお酒を選んだらいいのでしょうか？

神社に奉納するお酒は、日本酒にしましょう。そもそもお神酒は、初穂《はつほ》（その年初めて収穫された稲作）と澄んだ水で醸造したお酒を神様にお供えしたことがルーツです。正式には、白酒・黒酒・濁酒・清酒を供えるとされていますが、現代では入手が難しいので、清酒が一般的とされています。

ただ、私は日本酒であれば、種類よりも、お供えする方の「こころ」のほうが重要だと考えています。

今は、たくさんの蔵元《くらもと》が競うように素晴らしいお酒を造っています。日本酒には、縁起のいい銘柄や季節限定のお酒もありますね。ふるさとのお酒などもいいかもしれません。お酒のお供えを通じて、神様に「開運」を願い出たり、季節の感謝をしたり、ふるさとの味をお届けできます。

ですから、自分がお供えできるお酒で、可能な限りいいお酒をお供えしましょう。一番気を使う相手にお届けする時に、どんな品を選ぶかと考えてみてください。これを実践し始めると、神様からの見られ方がグンと変わります。

自分は高級酒を飲んでいるのに、神様には安酒を供える人と、神様にだからこそ自分のできる一番いいものをとお供えする人。

もしその二人から同じ願いが出て、どちらかの願いしか叶えられないとしたら、どちらの願いを優先することになるでしょうか？

答えは、はっきりしていますよね。

神社にお供《そな》えするお酒は、一升瓶で一本か二本が一般的です。のし紙をかけますが、酒屋さんやデパートなどで「神社へのお供えです」と言えば、お店のほうでのし紙に名前を入れて、用意してくれますので、ご安心ください。

お供えするお酒の用意ができたら、ぜひ神社に行ってお酒のお供えを申し出てみてください。神社は産土神社やご自身に縁のある神社がいいでしょう。

# 第6章

# 運気をもっと劇的に上げるコツ

## 「朝日を浴びる」日本古来の開運法

### 運が開く朝日の浴び方

朝に私が行っている運気を上げる習慣をお伝えします。

それは「朝日を浴びる」というものです。

日本人は、古来より朝日に手を合わせて一日を始め、夕日に手を合わせて一日の感謝をしたといわれます。昔の人はそうして「お天道《てんと》さま」の力をいただいていました。

私がはじめて師から「毎朝、朝日を浴びるとよい」と言われた時は、「まさか今どき？　それ、大昔のことですよね」という思いがありました。

ですが師から「どんな効果があるか、ともかく黙って一カ月してみなさい」と言われ、「まずは一カ月やってみよう」とやり始めました。

はじめの頃は朝日を浴びていると、周囲の人の目が気になりました。「あの人、何をしているんだろう？」「毎朝あそこに立っているよ」

さらに理知的な人からは「なんと非科学的な」と白い目で見られますし。

ですが続けていると、一日として同じ日がないのですね。三日目に「あれっ？」と思ったこと、一週間続けて気づいたこと、一カ月後に感じたこと、三カ月後に感じたこと、半年後に感じたことは違うのです。

やればやるほど気づきはどんどん深くなっていき、やめられなくなっていきました。そうして、三十年近く続けた今でも、「そうか、そうだったのか！」という気づきがあります。そして断言できます。

この朝日を浴びる威力は、最強の開運のひとつだと。

今、医学的にも朝日を浴びる効果は立証され始めています。

朝日を浴びるやり方としては、まず朝日に向かって「おはようございます。どうぞよろしくお願いいたします」と挨拶をしてから、肩幅くらいに足を開いて立ちます。

目を軽く閉じて、そのまま全身に朝日を浴びます。その時、額の奥にまで朝日を受けるようにして浴びてください。また服を通して、胸の奥、腹の中まで朝日を浴びる気持ちでいましょう。

**朝日を浴びる時間の目安は、朝九時まで**です。また**一番朝日の威力を強く授かれる時間は、日の出の瞬間**。科学的にも日の出の直後十五分には、特別に力があるそうです。

前向きで五分、そして背中側も五分、また前を向いて五分浴びてください。ただ、これは人によって浴びる時間が違いますので、あくまで目安として考えてください。

はじめの頃は、周りの人の目がとても気になります。周囲の「何をやっているんだ？」の目線は、痛いですよね。慣れない間は、五分が長く感じます。

ですからなるべく人目を気にせず、朝日を浴びられる場所を探してみてください。公園や屋上などは、朝日も十分に浴びられ、かつ人目につきにくいという意味でおすすめです。私は、今は事務所のすぐ前が海なので、浜辺で堂々と浴びています。

できるだけ外に出て、全身に朝日を浴びたほうがよいのですが、体調の悪い方や、ご年配の方などは室内で窓越しに浴びるなど、無理のない範囲で行ってください。

もちろん、雲に遮《さえぎ》られて朝日を直接見られない日もあります。見えなくても毎日、同じ時間、同じ場所で朝日を浴びていると、前日とほぼ場所は変わらないので、大体空のあの辺りと見当がつくようになります（毎日浴びていると前の日の朝日の場所を覚えています）。

「雨の日でもですか？」と聞かれますが、雨の日でもぜひ行ってください。

雨の日でも、太陽は雲の上でさんさんと輝いています。飛行機に乗ると、空港では雨だったのに、雨雲を突き抜けた上では、まぶしいほどの朝日に出会う。そんな体験をされたことがあるでしょう。

つまり、雲を通して朝日の力は届いています。私たちは、それを浴びているのです。

人生も同じですね。人生には、晴れの日もあれば曇りの日もあり、また雨の日や時には大嵐の日もあります。

「先がまったく見えない！」と泣きたくなる時、「目の前が真っ暗になったようだ」と感じる時、大嵐に巻き込まれて、「もうダメだ」と思う時でも、あなたの人生をおおう黒雲の先に、太陽（希望）を感じることができたら前に進むことができます。

朝日を浴びていると、前に進む力を授かれるのです。

また一年の中で立春、立夏、立秋、立冬の日や、夏至、冬至、春分、秋分の日の朝日は格別です。ぜひ逃さずに朝の光を浴びてみてください。

## 夕日に感謝する習慣がさらに運気を上げていく

日の光は、朝だけでなく、夕方も不思議な力が宿っていると思います。**夕日からは「やすらぎの力」をいただく。**一日の感謝ですね。

実際に夕日を毎日見ることは、なかなかできにくいはずです。なぜなら夕日の時間帯は、ほとんどの人が仕事の真っ最中だからです。だから夕日を受けるのは、月に一回くらいでも大丈夫です。

私は、夕日に関しては、朝日のように時間や場所を決めたりせずに、自然に目に入った時に浴びています。

たとえば電車の移動の途中とか、窓を開けた時に目に飛び込んできた時などです。目に飛び込んでくるということは、今の自分に必要というサイン。

こんな時の夕日は、目にしみるほど美しいものです。山あいを赤く染めて沈む夕日も、ビルの谷間に沈む夕日も心が安らぎます。ドラマを見ているようですし、自然の偉大さを感じさせられる一瞬です。

「日本人は、大自然の中に神を見る特殊な感性を持っている」と言われます。夕日が目に飛び込んできた時は、本当に目の前に神様がいらっしゃって、自分にやすらぎの素を与えてくれている、そんなふうに感じます。

太陽の光は、どの人にも平等に降り注いでいます。

ですが、それを受け取るかどうかはその人次第。それを受け取ると、「今日の活力」や「気力を取り戻す」「心のやすらぎを得る」などの形であなたの中に入ってきます。

これは神様が味方したくなる、ならないではなく、神様が分け隔てなく与えてくれている力を素直に受け取るかどうかの違いだけなのです。

## 山で見る「神の光」

時には都会を離れ、大自然の中で朝日を浴びることもおすすめです。

あなたは、山登りはお好きですか？

山に登ることで神様にもつながる方法があります。それが「ご来光《らいこう》」です。

霊峰富士と呼ばれる富士山には、その麓《ふもと》にいくつもの浅間《せんげん》神社があり、絶世の美女といわれる木花咲耶比売《このはなさくやひめ》様をお祀《まつ》りしています。

麓から登る時には、北口浅間神社がある「富士吉田口」が有名です。古来の富士講《ふじこう》登山は、この吉田口から登りました。現在は、富士スバルラインができて五合目から登ることもでき、とても便利になっています。夜中の十二時頃に五合目を出発し、八合目辺りまたは頂上でご来光です。

東の空が明るくなってくると、ほとんどの人が、夜通しかけて登ってきた足を止めて日の出を待ちます。徐々に雲海《うんかい》が赤く染まり、やがて黄金の朝日が見え、その光に全身を包まれた時、何物にも代え難い感動がわき上がります。

誰かの「ご来光《らいこう》だ！」という声。ほとんどの人が無意識に朝日に向けて手を合わせます。「あぁ、登ってきて良かった」「今、ここに立てていること、そのことがありがたい」と。この瞬間、ここに立っていることに感謝。真っ暗な中から何時間も登り続けてきたのは、この一瞬に出会うため、そんな気持ちにさせられます。

## 水平線からの朝日

山だけでなく、浜辺で水平線から昇ってくる朝日を拝むことも素晴らしい体験になります。私は、今、海の目の前に事務所がありますので、日の出前から浜辺で待ち、水平線から朝日が顔を出す瞬間を見る時があります。

少しずつ夜が白んでいき、やがてあかね色に空が染まり、朝日が顔を出した時、「待っていてよかった！」と何回も感動します。自然が持つ癒《いや》しの力はすごいものがあります。

普段は都会で朝日を浴びていても、大自然の中で浴びる朝日は格別です。自分の中にものすごくエネルギーチャージされると言ったらいいでしょうか。

実は朝日だけでなく、大自然に接する、大自然の懐《ふところ》に抱かれるという体験も、神様の恵みを受け取れる感性を育ててくれます。

不思議なのですが、今まで出会った方の中で、ほかにない特殊な先読みができる人、独特の判断力がある人は、何らかの形で大自然に接する趣味（トレッキング、畑作業、サーフィンなど）を持っていることが多いのです。

# 「禊《みそ》ぎの習慣」で、もっと運は良くなる

## お風呂で一日の禊ぎをしよう

一日の疲れは、その日のうちに取って、ぐっすりと眠り、スッキリとした朝をむかえたいですよね。それができる方法が、毎日「禊《みそ》ぎ」をすることです。

禊ぎといっても、滝行をするといった特別なことではありません。

私がおすすめする禊ぎは「お風呂で行う禊ぎ」です。

これを続けている方は、ご家族との関係が良好になったり、お仕事の進展に大きな変化が得られていますので、ご紹介します。

あなたは、お風呂に入る時に湯船でゆったりとくつろぐ派ですか。

それともシャワーでさっとすませる派でしょうか。

忙しい現代でアクティブに生きる人は、シャワー派の人が多いかもしれません。ですが、もしあなたが一日の疲れを芯から癒《いや》したかったら、ぜひ湯船でゆったりしてみてください。これはお風呂でできる禊ぎと併せて行います。


「え？　禊ぎって、お風呂でするの？」

「はい、お風呂でします」

「お風呂で、冷水をかぶるのですか？」

「いいえ、冷水でなく、お湯をかぶります」


水でなく、お湯をかぶる意味は、あとで説明します。今は、まず流れをお話しします。

湯船に入る前に、洗面器にお湯を汲んで、それを何杯か身体にかけてから入っていませんか。あれは「かけ湯」といって、湯船を汚さないために行うものです。

でも、そのままではきれいになるのは身体だけ。ですから**お風呂の禊《みそ》ぎには、ここに身体だけでなく、心の中の汚れもきれいにするための言葉を添えます。**

添える言葉は「身心ともに清まれ」、あるいは「身心霊ともに清まれ」です。


禊ぎのやり方は、こうです。

「身心ともに」と言いながら湯船からお湯を汲み、「清まれ！」の言葉と同時に左肩にお湯をザバッとかぶります。同じように、次は右肩に。

左肩、右肩、左肩……と交互にかぶります。回数は五回から十回。

「身心ともに、清まれ！」「身心ともに清まれ！」と言いながらお湯をかぶってください。

特に「清まれ！」の言葉は、気合いを入れます。


そのあとで湯船につかり、「神様、今日も一日ありがとうございました」と言ったあとは、どうぞ手足を伸ばしてゆったりとくつろいでください。

## なぜ温泉は神の恵みなのか？

ちょっと専門的になるかもしれませんが、なぜ「温泉が神の恵み」なのか、「湯船が神の懐《ふところ》」なのか、その意味を説明します。

日本人は、「大自然の中に神を見る」という民族的に特殊な感性を持っています。

だから「八百万《やおよろず》の神様」といって大自然のすべてに神が宿るという考えで神様に接してきました。火にも水にも、風にもあらゆるものに神が宿る。山には山の神が、川には川の神が、海には海の神がいらっしゃる、という考え方をします。

そもそも「神」とは何か？

**一番シンプルな答えは、「火（カ）水（ミ）」です。**

「火（カ）」と「水（ミ）」を合わせると「カミ＝神」。湯は、火（カ）と水（ミ）の力が合わさったところ。「湯船は、神の懐《ふところ》」と言われます。だからお湯で禊《みそ》ぎをするのです。

温泉地には、神様を祀《まつ》っているところがいくつもあります。四国の道後《どうご》温泉には「湯神社《ゆじんじゃ》」があります。お参りしてから温泉に入ると、いきなりドブンとつかるよりも温泉の効能は何倍も大きくなります。

ですが、温泉まで出向かなくても、この方法で禊ぎをしてからお風呂に入ると「身体も心も魂も、清まって」、神の懐に日々抱かれることができます。

自宅で日々神様を感じて生きること。これをすると寝る前に一日の疲れが取れて、ぐっすりと眠ることができます。

実践した方の例をお話ししましょう。

その方は、大事な仕事に挑む時に、毎日、お風呂の禊ぎをしました。

その方は毎日、頭から五十杯もかぶりました。夜、目が覚めて眠れない時には、再度お風呂に入り「身心ともに清まれ！　身心ともに清まれ！」と言いながら気持ちが鎮まるまでお湯をかぶる。そして迷いや不安を吹っ切り、そのあと、湯船でゆったりとする。普段不安な時には増えるお酒の量が、増えることなく乗り越えられたそうです。

人は強いようで弱いものです。迷いや悩みで頭の中がいっぱいになった時、心の動きが止まってしまうこともあります。そしてその人の本当の良さや強さが、まったく出てこなくなってしまう時もあります。でもそれでは乗り越えられない。

だから日々心の迷いを吹っ切って、神の懐に抱かれることで、新しい力がわいてくるはずです。

日々神様を感じて、その力をいただいて生きる。神様は、遠いところだけでなく、こんなに身近にいてくださるのですね。

## 心の疲れはシャワーでは取り切れない

対人関係の悩みと仕事のトラブルで夜も眠れなかった方に、この禊《みそ》ぎをおすすめしたことがあります。

何年もシャワーだけの生活だったそうですが、意味を説明して、禊ぎをした上で湯船にゆっくりとつかってもらいました。その方はその晩から眠れるようになったそうです。

いつもなら夜中の一時頃に目が覚めて、あとは寝られない毎日だったそうですが、その時には朝までグッスリ眠れるようになったといいます。

「こんなにグッスリ眠れたのは何カ月ぶりだろう。寝られるって、こんなにありがたいことだったのですね」

シャワーでは、身体の汚れは流せますが、精神的な汚れというべき「心の疲れ」は流せないのです。

毎日、禊ぎをして、身体と心の疲れを取ってください。

今日あったイヤなこと、悔しいこと、腹だたしいことなどがその禊ぎで癒《いや》されれ、夜寝る前にはすっきりとした気持ちで休むことができます。

## 伊勢神宮参拝の前に禊ぎをしよう

私が主催する伊勢神宮の参拝研修に参加される方には、必ず事前に一週間から十日間、今、ご紹介したお風呂の禊ぎをしていただいています。

それはなぜか？

ひと言で言うと、神様と合う波長になっていただくためです。

私たちの日常では、残念ながらかなり神様の世界とは異なる生活をしています。日々イライラ、カリカリ、セカセカといった状態が少なくないですね。そのままでは「山より高く、海より深い」といった神様の大きな波長と合いません。神様とあなたの波長が合わないと、せっかく神様が味方してあげたいと手を差し伸べてくださっても、私たちのほうで空回りをしてしまいます。だから禊《みそ》ぎをします。

## 「神社参拝は、事前準備で八割決まる」

何の準備もしないで、いきなりお参りする人と、事前準備をしてお参りする人では、お参り中の感動も、お参り後の変化もぜんぜん違います。

もともと伊勢参拝の時には、その前に二見浦の興玉《おきたま》神社の前の海で禊ぎをしてからお参りするとよいと言われています。これを浜参宮と言います。

参拝前の一週間から十日の禊ぎ。そのくらい準備をしてもしすぎることがないくらい、伊勢神宮で感じる神気《しんき》は素晴らしいものです。

# 大祓《おおはらい》――茅《ち》の輪《わ》をくぐろう

## 茅の輪神事《しんじ》のお作法

すべての神社ではありませんが、六月と十二月の後半、大祓《おおはらい》の時期に「茅《ち》の輪《わ》」が用意されています。この輪をくぐれば、疫病などが避けられると言われます。無事に夏の暑さを乗り越え、無病息災《むびょうそくさい》を願う人に人気が高い「茅の輪神事」です。十二月は一年の締めくくりとして行われます。

「茅の輪神事」は、天照大御神様《あまてらすおおみかみさま》の弟のスサノオノミコト様の故事（備後国《びごのくに》風土記《ふどき》）に由来します。

スサノオのミコト様が旅をしている時に、巨旦《こたん》と蘇民《そみん》という兄弟に宿を求めたところ、弟の巨旦は裕福だったにもかかわらず断り、兄の蘇民は貧しかったけれど喜んで厚くもてなしました。その後、再び蘇民《そみん》のもとをたずねたスサノオノミコトは、「もし悪い病気が流行ることがあった時には、茅の輪《ちわ》を作り腰につければ病気にかからない」と教えました。

そして疫病が流行った時、巨旦《こたん》の家族は病に倒れましたが、蘇民の家族は茅の輪で助かったという話です。

茅の輪も当初は、小さなものを腰につけるだけでしたが、江戸時代初期になって、大きな茅の輪をくぐって罪や災いを除くという神事になったというのが由来です。

ただこの話、私個人としては少し気になるところがあります。

なぜなら神様は、「この茅の輪を持っている人は守る」「持っていない人は見捨てる」という区別をされるのだろうかと思うからです。それよりも私は次のように解釈しています。

「たとえ貧しくても、誰かに温かくした人に、神様は味方してくれる」

「たとえ裕福でも、人に対して冷たくする人には、神様は味方してくれない」

実際、そのように受け取ったほうが良いはずです。

## 茅の輪は、日輪をかたどったもの

ご安心ください。どなたでもその気になれば、半年に一回、身も心もきれいになれる茅の輪くぐりのもうひとつの意味を見つけました。

私がこのことに気がついたのは、伊勢神宮の研修の時。早朝参拝のあと、ちょうど朝日の時間になったので、参道で朝日を浴びさせていただきました。

その時の写真が、201ページの写真です。朝日の光が、不思議な輪になって写っています。また昨年六月にお参りした時には、今までに見たこともないほど大きな日輪《にちりん》が見えました。

神域《しんいき》内で何回も見られる日輪は、格別に胸に響きます。太陽が作る輪。ひょっとしてこの日輪をかたどったものが茅の輪なのではないか。その太陽の輪、神の輪にと飛び込んだ時に、その人についているいろいろな災厄が清められるのではないか。

そして今までの汚れや穢《けが》れがきれいになる。

「あぁ、昔はこれが見える人がいたに違いない。だから年に二回、六月と十二月の大祓《おおはらい》の時期に神社に茅《ち》の輪《わ》が飾られるのではないか」と。

これは私が、三十年近く神社参拝をしている中で、昨年六月に神域《しんいき》内で浴びた朝日から感じたことです。

すべての神社ではありませんが、もしお近くの神社に茅の輪があったら、ぜひくぐってみてください。あなたの身も心も軽くなるはずです。

# 運気を上げる神貯金

## 「神様への恩返し」が運気を開く

ここまでは、「どうやって神様からお力をいただけるか」という話や、神社に行った時や、日常生活の中での工夫についてお伝えしてきました。

ここからは「自分が神様のお役に立ちたい」と思っている方のためのお話です。神様への恩返しと言ってもいいかもしれません。

今まで「神様は、お願いするだけ」と考えていた人から見たら、驚かれる話かもしれません。しかし、実はこれが「神様が味方し、力を貸してあげたくなる人」になれる一番の方法なのです。

それが「神貯金《かみちょきん》」です。

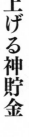

**天に積み立てた貯金**、それは目に見える形にはなっていませんが、その「天の利息」はとてつもなく大きいものです。これはいくら積み立てたから、いつどれだけ引き出せるというものではありませんが、「いざ」という時に驚くような力を発揮してくれます。

実際、私はその場面を数多く見てきました。世の中に起きる奇跡の多くは、こうした神貯金を使っているのではと思うほどにです。

この天への積み立てのことを「神貯金」と私は呼んでいます。

**神貯金は、自分がしていなくても、親や先祖がしてくれている場合もあります。**その人は不思議と恵まれた人生を歩んでいます。その時は親や先祖に感謝ですね。もしかしたら財産を残してくれる以上の恩恵かもしれません。

どんな人にも人生の浮き沈みはあります。その時に不思議に手をさしのべてくれる人が現れたり、乗り越えられる力が加わったりしていたら、ありがたいですね。

ですから、神貯金を使い果たしてしまうことがないように、心がけましょう。

特に奇跡や素晴らしいことが続けて起きたあとなどには、より謙虚に神貯金を心がけましょう。

## 神貯金の具体的な方法

具体的に何をしたらいいのでしょうか。それは「**ご寄進**《きしん》」と「**ご奉仕**《ほうし》」の二つです。

「事業に成功したのは、自分の実力だ。そして人の何倍も努力したからだ」と言う人がいます。ですが人の成功の背後には、自身の実力や努力のほかに、「運」や「縁」や「ツキ」さらには、目に見えない何らかの力の後押しがあって、大きな成功につながったり、成功が長続きしたりします。

実は成功した人の多くは、このことに気がついています。だから本物の経営者は、神様の存在を誰よりも感じていて、その力を受け取るのが上手です。それゆえ、成功を長続きさせることができるのです。その秘訣は、神貯金に気づくかどうか。

三十年間増収増益の会社の社長が、会議の中で息子たちにたずねました。

「うちの会社が、なぜ毎年伸び続けてこられたかわかるか?」

「それは、オヤジが頑張ったから」

「それは、自分もこれだけ貢献したから」

「〇〇社と、大きな取引ができたから」

しかし社長は、こう言いました。

「いや違う。皆、頑張った。しかし最大の理由は、一にも二にも強運だったからだ!」

「だから、この運を離してはならない」

そう社長は息子や社員に告げたかったのでしょう。

なんとこの会社には、人事も総務もなく、定年も定めていないとのことです。

にもかかわらず、社員の定着率は他社が驚くほどです。

この方は、出身地の村の小さな神社に、ひとりで、ほとんどすべての建て替えができるほどの寄付をして、地元の発展に貢献しています。その方は「地元から離れた人間は、直接地元に貢献できない分、金銭的なことで貢献するんだ」と言われました。

「地元の神様に感謝をして」それをご寄進《きしん》などでお納めする、またはご奉仕《ほうし》などの形でお礼をする。「徳を積む」ということですね。

私が呼ぶ「神貯金」は、まさにこのことです。

出光興産の創業者である出光佐三《いでみつさぞう》氏が、自分の故郷の宗像《むなかた》大社を二十数年かけて復興させた話はとても有名です。

自分一代の繁栄で終わるのではなく、子どもや孫などに残す目に見えない貯金。老舗の方たちは、このことを肌で知っているので、地元の神社の役員などをされています。

「そんなことを言われても、私は大企業の社長ではないし、大きなことはできません」と引かれるでしょうか。

でも、大丈夫。今、あなたができるところから「神貯金」をしていけばいいのです。

神様が受け取ってくださるのは、まごころです。それをどう形や行動に表わすかなのですから。

たとえば、瓦一枚からの寄付もありますし、そんな思いが集まってもし地元の神社がきれいになっていったら嬉しいですね。

神様にお願いするだけの人よりも、何らかの形でのご奉仕などをしている人のほうが、神様が味方したくなる人になれます。

## ご寄進《きしん》する時の神社はどこがいいか?

具体的に神貯金としてご寄進をする神社はどこがいいでしょう。

それは、「産土《うぶすな》神社」です。今、自分が住んでいる土地を守ってくれている神社です。ご寄進《きしん》のタイミングは、お祭りの時やお社《やしろ》の建て替えの時などがいいでしょう。また新嘗祭《にいなめさい》（十一月二十三日に行われる一年の感謝祭）なども最適です。

そして伊勢神宮です。日本の中心の神社です。

伊勢神宮では二十年に一度、式年遷宮《しきねんせんぐう》があります。鳥居《とりい》、お社、宇治橋（伊勢神宮に入る入り口にかかる大きな木の橋）、神宝《しんぽう》、そして神様の装束にいたるすべてを、新しく作り替える一大イベントです。このご遷宮のたびに、神様の力も新たに蘇《よみがえ》ると言われています。

自分がご寄進したものが、お社や神様の装束の一部になって、次の子どもや孫の時代につながっていったら嬉しくありませんか？

二十年ごとのこのイベントは、伝統技術の継承のためにも大変大きな意味を持つと言われています。このイベントに自分の人生を重ね合わせて、その時々でできる貢献をさせていただく。これはあなたの人生がより豊かに、そして神様に守られる人になれる王道だと私は思っています。

このご遷宮に何らかの形で貢献ができるのは、私たちの一生の中で、二回か多くても三回くらいしかありません。

ですから私が主催する年二回の伊勢参拝研修では、「十年後の自分と約束をする」という時間を設け、ご自分のお仕事や子育てなどを通じての日本の国への貢献と、神様への恩返しを、ほかの誰でもない、自分自身と約束していただく時間を設けています。

その先は可能であれば、ふるさとの神社を加えたり、家筋に関係する神社がわかればそこを加えたりするといいでしょう。

## ご寄進をする時の目安

寄付などをする時の金額の目安ですが、「その時の自分の経済の状態で出そうと思う金額よりも、少しだけ上のことをするとよい」と覚えておいてください。

たとえばひとつの目安として、自分の中で、収入の一パーセント、三パーセントなど、自分なりの基準を作っておくとよいでしょう。

ただし、「これだけお金を出したのだから、叶えろよ」という思いを持ってした時には、逆効果になります。神様は人の召使いではないのだということ、そして人の心の中までお見通しということをどうぞ忘れないでください。

# 神社へのご奉仕《ほうし》が奇跡を生む

## 境内のお掃除

次に、「ご奉仕《ほうし》」です。

ご奉仕とは、報酬や見返りを求めることなく、無私の労働を行うことです。

私がおすすめするのは、神社の境内のお掃除などのご奉仕をすることです。

伊勢神宮では、清掃奉仕団がありますし、各神社でもお掃除のご奉仕を申し出られたら、ほとんどの場合喜ばれるはずです。

神社は、鎮守《ちんじゅ》の森という言葉があるくらい、たくさんの木があります。だから風の強い日や落ち葉の季節には、たくさんの葉や枝が参道に落ちます。それを神社の方だけできれいにするのはかなり大変です。

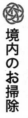

伊勢神宮などでは、いつお参りしてもあの広い参道がきれいです。でもある早朝参拝の日に、入り口で守衛さんから「昨日は風が強かったので、途中たくさんの杉の枝などが落ちています。足元に気をつけて歩いてください」と言われたことがありました。

確かに途中にすごく葉や枝が落ちているところがありました。それは何時間もしないうちに清掃の人が来て、あっという間にきれいにしてしまいました。だからどの神社でも、境内の掃除は喜ばれるはずです。

## 神社の奉仕をしたあとで見た「二十年後の場面」

主人の恩師であり、防衛省時代の上司でもある故・久保田先生からお聞きしたお話です。久保田先生は、戦時中の近衛第一大隊長を務められた方です。

久保田先生がかつて陸軍士官学校を受ける時に、毎朝、近くの神社にお参りに行っておられました。

でも、「お願いするだけでは神様に申し訳ない」と思い、お参りのあと、境内のお掃除をすることを日課とされました。

一カ月ほどたったある日、神主さんから「ちょっと、あなたいらっしゃい」と手招きされ、社殿にあげてもらいました。

神主さんは「あなたは、毎朝感心だね。あなたはきっと将来世の中に大きな役目をする人になるよ」と励ましてくださったそうです。

その話を聞いている時に、なぜか久保田先生の脳裏に、昭和天皇様のお顔が浮かびました。何だろうかと思ったけれど、その日は意味がわからずにそのまま家に戻ったそうです。

それから何十年かあとに、近衛の第一大隊長を拝命されたのですが、その時の場面が、かつて神社で見た場面とそっくり同じだったそうです。

未来予知と言いますが、何十年か先のその人の未来、その場面を見せていただいたのですね。

## ひとりでひたすら神社の掃除をし続けた女性の話

広島の主婦の方からお話を伺いました。

この方の住む近くの神社は、神主さんがおらず、とても寂れていました。「これでは神様に申し訳ない」と思ったその方は、週に三回ずつお掃除を始めました。境内を掃き、トイレの掃除をし、ひとりで黙々と続けたそうです。

そして三カ月ほどたったある日、掃除が終わったあと、突然腰に痛みが走り、立っていられずにその場にうずくまりました。しばらくしてようやく立てるようになってビックリ。十年以上曲がっていた腰がその場でまっすぐに伸びていたそうです。

「神様は、汚れ穢《けが》れのあるところからは、黙って去る」と言われますが、その方が一心にお掃除することで、境内がきれいになり、神様が戻ってこられたのかもしれません。

この方は、ご自分でお米も作っていますが、毎年収穫した中で一番いいお米を神様にお供《そな》えしているとのこと。

私はいろいろな方のお話を伺って、「神様は人のまごころに対して、その何倍もの恵みを与えてくださる」ことを実感しています。

そんな神様にまごころを尽くせる人になりたいですね。そして神様にぜひ味方していただきましょう。

**「やらねば、ならない」ではなく「させていただく」**の心を添えて。

これは神貯金をする時のとても大切なポイントです。

はじめは少しずつからでもいいのです。あなたの人生が、神様に守られ、より豊かになることを心より願っています。

# おわりに

最後までお読みいただき、ありがとうございました。

読み終わったあなたは、きっと「神様に守られ」「味方していただける」体質になっていることでしょう。ぜひ、それをそのままこれからの人生において、維持してください。

そしてあなただけでなく、あなたにとって大切な人にもぜひ本書のことを知らせてあげてください。

あなたはもっと神様に守られていいのです。

はじめにでも書きましたが「神様が味方したくなる人」とは自分のことを大切にできる人であり、「自分以外の人を大切にできる人」「感謝の心や恩返しの気持ちを持てる人」のことでしたね。

ですから、あなただけでなく、あなたの周りにそんな人が増え続けることで、あなた自身の人生が何倍も豊かに、そしてこんな嬉しい言葉が満ちあふれるようになります。

「自分と結婚してくれてありがとう」
「お母さん、私を産んでくれてありがとう」
「自分の子どもに生まれてくれてありがとう」
「いい縁、いい仕事に恵まれた。ありがとう」
「いい友達、いい師匠に恵まれた。ありがとう」

人生にはいい時ばかりではなく、辛い時もあれば、大きな山を乗り越えていかなければならない時もあります。

でも、もうあなたはひとりで頑張るのではありません。神様が見守っていてくださいます。

こんな心強いことはないですよね。

あなたはこの本の中から、神様とのご縁をつなぐ扉のカギを手に入れました。ですからそれを使って、あなたの人生をより大きく開いていってください。「神様、いつも守っていただき、ありがとうございます」の言葉とともに。

この本を手に取っていただいたあなたとのご縁に心から感謝いたします。

大勢の方のお力添えのおかげで、この本を世に出すことができました。特に企画の段階から寄り添いお力添えいただいた鹿野哲平様、手島智子編集長に心より感謝いたします。

これからも「神様との接し方のガイドブック」として、どうぞお役立てください。

また神棚の祀《まつ》り方や神社参拝のより深い内容を知りたい方は、大志塾のホームページでご紹介しています。

会社の神棚に興味がある方は http://taishijyuku.jp にてご覧ください。

あなたと、あなたの周りのすべての方々が互いを思いやり、神様の力を十分に受け取って、誰もが人生がより豊かに、そして充実していくことを心より願っています。

藤原美津子

青春文庫

# 神様《かみさま》は、ぜったい守《まも》ってくれる

## 神様《かみさま》が味方《みかた》する人《ひと》、しない人《ひと》

2020年 9月20日 第1刷

著　者　藤《ふじ》原《わら》美《み》津《つ》子《こ》

発行者　小澤源太郎

責任編集　株式会社プライム涌光

発行所　株式会社青春出版社

〒162-0056 東京都新宿区若松町 12-1
電話 03-3203-2850（編集部）
03-3207-1916（営業部）
振替番号 00190-7-98602

印刷／中央精版印刷
製本／フォーネット社

ISBN 978-4-413-09762-8



万一、落丁、乱丁がありました節は、お取りかえします。

## 古事記と日本書紀 謎の焦点
「読み方」を変えると、思いがけない発見がある

日本古代史探究の最前線！ 天地開闢、ヤマタノオロチ、聖徳太子…「記・紀」の〝行間〟に見え隠れする歴史の真相。

瀧音能之

(SE-752)

## あの業界のスゴ技！ ライフハック100

ごく普通の人にはほとんど知られていない業界の知恵とコツの数々。知っているだけで得する驚きのワザを紹介！

知的生活追跡班［編］

(SE-753)

## 人類は「パンデミック」をどう生き延びたか

時代をさかのぼると、パンデミックを生き抜いた軌跡があった。今まで知られていなかった人間の本性と歴史の真相が見えてくる。

島崎　晋

(SE-754)

## 管理栄養士が教える 美肌スープ

週に一度の作りおきでおいしくスキンケア！

森由香子

(SE-756)